EXAMEN CRITIQUE

DU PROJET DE RÉFORME

DE

LA SÉPARATION DE CORPS

ADOPTÉ PAR LE SÉNAT

(28 janvier 1887)

PAR

JULES CABOUAT
Professeur à la Faculté de droit de Caen.

Extrait de la REVUE CRITIQUE DE LÉGISLATION ET DE JURISPRUDENCE.

PARIS

LIBRAIRIE COTILLON

F. PICHON, SUCCESSEUR, IMPRIMEUR-ÉDITEUR,

Libraire du Conseil d'État et de la Société de législation comparée,

24, RUE SOUFFLOT, 24.

1890

EXAMEN CRITIQUE

DU PROJET DE RÉFORME

DE

LA SÉPARATION DE CORPS

ADOPTÉ PAR LE SÉNAT

EXAMEN CRITIQUE

DU PROJET DE RÉFORME

DE

LA SÉPARATION DE CORPS

ADOPTÉ PAR LE SÉNAT

(28 janvier 1887)

PAR

JULES CABOUAT
Professeur à la Faculté de droit de Caen.

Extrait de la REVUE CRITIQUE DE LÉGISLATION ET DE JURISPRUDENCE.

PARIS

LIBRAIRIE COTILLON

F. PICHON, SUCCESSEUR, IMPRIMEUR-ÉDITEUR,

Libraire du Conseil d'État et de la Société de législation comparée,

24, RUE SOUFFLOT, 24.

1890

EXAMEN CRITIQUE

DU PROJET DE RÉFORME

DE

LA SÉPARATION DE CORPS

Adopté par le Sénat

(28 janvier 1887 [1])

Le projet de réforme de la séparation de corps adopté par le Sénat a eu la rare fortune de rallier en un effort commun des esprits de tendances opposées et de convictions contraires.

Ceux qui ont lutté pour le rétablissement du divorce ont adhéré à ce projet pour sauver leur œuvre d'abus possibles et lui assu-

[1] Ce projet n'est que la réduction d'une proposition beaucoup plus vaste — elle embrassait à la fois la séparation de corps, sa procédure et les nullités de mariage — déposée dès le 12 juin 1884 par MM. Allou, Batbie, Denormandie et Jules Simon. (Doc. parl. Sénat, 1884, annexe n° 185, p. 259 et ann. n° 185 *bis*, *ibid.*, p. 567, Doc. Parl. 1885, Sén. ann. n° 150, p. 163, Rapport de M. Allou). Cette proposition avait été devancée par une pétition déposée par M. Naquet et renvoyée par la commission des pétitions (5 déc. 1884) à la commission du divorce, demandant pour la femme séparée de biens le droit d'aliéner et d'hypothéquer ses immeubles, d'acquérir et d'ester en justice sans l'autorisation de son mari. Objet d'une première délibération devant le Sénat, (séances des 13, 18, 19 juin 1885), cette proposition fut, dès le début de la seconde délibération (séance du 1er juillet 1885), renvoyée sur la demande du garde des sceaux), à l'examen du Conseil d'Etat; ce renvoi était motivé par la nécessité de procéder à de nouvelles études sur les dispositions concernant les nullités de mariage. Le Conseil d'État ayant cru devoir éliminer toute innovation

rer ainsi les plus grandes chances de durée[2]. Quant aux adversaires de la loi du 27 juillet 1884, leur adhésion a été principalement entraînée par le désir de garantir aux époux désunis une entière et effective liberté d'option entre le divorce et la séparation de corps[3]. Mais, en allégeant les effets civils du mariage pour les époux séparés, et principalement pour la femme, n'ont-ils pas eu la pensée de prendre une revanche de leur échec et d'en atténuer la portée; n'ont-ils pas eu le dessein de chercher dans l'amélioration du système actuel de la séparation de corps un moyen de lutter à armes égales contre ce qu'on a appelé les « séductions du divorce » [4]; et, s'il se peut, d'empêcher cette institution de prendre racine dans nos mœurs? Peut-être.

Que ces calculs de stratégie parlementaire et législative aient grandement contribué à la faveur des idées réformatrices, on ne saurait le nier; il fallait cependant des raisons plus profondes pour assurer leur succès final. Ainsi, beaucoup ne se sont résignés au divorce qu'à contre-cœur, le considérant comme un remède à certaines plaies domestiques sur lesquelles le législateur ne peut obstinément fermer les yeux; ceux-là préoccupés du sort de conjoints que des scrupules de conscience ou d'autres

sur ce sujet (avis du Conseil d'État, Doc. Parl. Sén. 1886, p. 380, rapp. de M. Flourens, *ibid.*, p. 377), et, la commission s'étant rangée à cet avis (Rapp. supplémentaire de M. Allou, Doc. Parl. Sén. 1886, ann. n° 21, p. 376), le projet s'est trouvé restreint au régime de la séparation de corps; et même sous ce rapport, la loi du 18 avril 1886 lui a enlevé, avant la reprise de la seconde délibération, une partie de son intérêt originaire (comp. les modifications proposées aux art. 876 et 878 du Code de Procédure civile, Doc. Parl. Sénat, 1886, p. 377, aux nouveaux art. 236 et 238 déclarés applicables à la séparation de corps par le nouvel art. 307 du Code civil).

Soumis à une nouvelle discussion (Séances des 18, 20, 25 et 28 janvier 1887, suite de la seconde délibération) le projet en sortit gravement modifié et, sous certains rapports, renouvelé. Transmis dans ce nouvel état à la Chambre des députés, (Doc. Parl. Chambre, 1887, ann. n° 1506, p. 200) il y a fait l'objet d'un rapport dû à M. Arnault, député (Doc. Parl. Chambre, 1887, ann. n° 2151, p. 438 et suiv.). Depuis cette époque, il a vainement attendu à l'ordre du jour l'épreuve d'une discussion publique.

[2] M. Naquet, Séance du 19 juin 1885, Sén. déb. Parl. 1885, p. 710, col. 1.

[3] M. Pâris, 18 janvier 1887, Sén. Déb. Parl. p. 22, col. 3.

[4] M. Allou, Séance du 18 janvier 1887, Sén. Déb. Parl. p. 15.

raisons font reculer devant une dissolution du mariage et confinent, au grand détriment de leurs intérêts, dans le régime incommode et équivoque de la séparation, communiqueraient volontiers à la séparation de corps quelques-uns des effets du divorce, ne fût-ce que pour lui enlever toute apparence tyrannique et réserver aux conjoints séparés une réelle indépendance de choix entre ces deux états [5].

Ce mouvement d'idées n'a rien qui doive surprendre, tant il semble, à en juger par leurs vicissitudes historiques, que ces deux institutions soient destinées à réagir l'une sur l'autre. Jusqu'ici en effet, tout événement relatif au divorce s'est presque immédiatement répercuté sur la séparation de corps, et réciproquement. Déjà la loi du 8 mai 1816 avait été suivie, l'année même de sa promulgation, d'un projet d'ensemble organisant la séparation de corps [6]; de même aujourd'hui on songe encore à l'améliorer au lendemain de la réapparition du divorce dans notre législation. Cette communauté de destinée est naturelle, si étroite est la connexité qui lie ces deux états, excessive cependant la différence des situations qui en dérivent; déterminés par les mêmes causes, donc destinés à remédier aux mêmes maux, l'esprit admet difficilement que leurs effets restent si différents; instinctivement, il tend à combler l'abîme qui les sépare. Fautil céder à cette tendance ou bien lui résister? Tel est le point essentiel du débat. S'il n'y avait à tenir compte que de la personne des époux, on pourrait songer à les affranchir de tous les effets civils du mariage, sauf un seul — l'incapacité de contracter une nouvelle union — restant comme une différence irréductible entre le divorce et la séparation de corps. Mais au fond, le problème est d'une plus grande complexité; on conçoit qu'on en puisse proposer des solutions multiples et très opposées.

[5] M. Léon Renault, 20 janvier 1887, Sén. Déb. Parl. p. 30, col. 3.

[6] Présenté le 7 déc. 1816, ce projet subit avec succès l'épreuve d'une première discussion devant la Chambre des pairs, (adoption du 28 décembre 1816), mais il n'eut aucune suite, faute d'avoir été soumis ultérieurement aux délibérations de la Chambre des députés. Voy. M. G. Bressolles. Examen de la proposition présentée au Sénat par MM. Allou, etc., sur les nullités de mariage et la séparation de corps, Recueil de l'académie de législation de Toulouse, t. 33, p. 199 et suiv.

Si l'on estime que la société conjugale n'est pas exclusivement et seulement aménagée pour les époux, mais en vue d'intérêts généraux de la famille durant autant que le mariage lui-même, et si l'on veut à tout prix maintenir cet effet spécifique de la séparation de corps qui est de détendre mais non de rompre le lien du mariage, on est porté à diminuer l'étendue des réformes dont la séparation de corps peut être l'objet; toute innovation produisant un relâchement excessif du lien conjugal compromettrait les intérêts de la femme, ceux des enfants, et, ce qui serait surtout regrettable, pourrait mettre, dit-on, de nouveaux et insurmontables obstacles à la reconciliation des époux. Si l'on envisage les choses de ce point de vue, on pourra bien à la rigueur accepter quelques réformes de détail tendant à protéger la femme contre les abus les plus criants de l'autorité maritale; mais, on se refusera à calquer d'une manière générale les effets de la séparation sur ceux du divorce [7].

Ces objections seront examinées plus tard; dès maintenant nous dirons: nous avons peine à croire qu'il y ait l'ombre d'une raison de sacrifier aucune amélioration de la législation actuelle à des chances de réconciliation de tout temps très faibles [8] et destinées à s'affaiblir encore s'il faut prévoir que la séparation de corps perdra tôt ou tard son caractère d'état permanent pour devenir un temps d'épreuve, une situation transitoire dont les époux sortiront plus souvent par une conversion de leur séparation en divorce que par un retour à la vie commune [9]. Au système restrictif qui vient d'être énoncé, nous en substituerons un plus libéral,

[7] M. Allou, 14 juin 1885, Sén. déb. Parl. 1885, p. 678, col. 3 et 18 janvier 1887, *ibid.*, p. 18, col. 1. M. Roger-Marvaise, 20 janvier 1887, *ibid.*, p. 34, col. 2 et 3.

[8] Voy. Treilhard, Exposé des motifs du titre du divorce, Locré, 5, p. 294 et 295.

[9] On a déjà proposé aux Chambres d'enlever aux tribunaux le pouvoir d'appréciation que leur laisse l'art. 310 nouveau du Code civil (Cass. 13 août 1885, Sir. 85. 1. 193 et notes de M. Labbe; Cass. 11 et 12 janvier 1887, Sir 88. 1. 374 et 375) et de rendre la conversion de la séparation de corps en divorce obligatoire pour le juge sur la demande de l'un ou l'autre des conjoints, demandeur ou défendeur. Voy. proposition de M. Naquet, modificative de l'art. 310, Sén. doc. parl. 1886, p. 76 ann. n° 6. Rapp. somm. de M. Ninard, ann. n° 108, *ibid.* p. 159 et rapp. de M. Na-

nous efforçant d'établir qu'il ne compromet en réalité aucun des intérêts vitaux de la famille.

Mais, sur quels points précis faire porter la réforme? La loi du 6 décembre 1850 ayant fait cesser l'abus le plus excessif dont le mari pût être victime, une seule mesure nouvelle, d'ailleurs de portée secondaire, est proposée dans son intérêt [10], et la difficulté capitale du sujet reste la détermination précise de la condition juridique qu'il convient de donner à la femme séparée de corps.

Ceux qui persistent à maintenir une distinction tranchée entre le divorce et la séparation de corps, se contentent d'amender le fonctionnement de la puissance maritale [11]; d'autres plus hardis, nous les suivrons dans cette voie, proposent de restituer à la femme séparée son indépendance juridique [12].

A notre avis, la solution du problème n'est pas dans une suppression absolue de l'autorité maritale, laquelle serait contraire à cette idée fondamentale que la séparation de corps relâche le lieu conjugal sans le rompre; ce que nous demandons, c'est un démembrement rationnel de cette autorité, approprié au but tout spécial que nous avons en vue; et, le principe générateur de cette réforme nous paraît contenu dans l'analyse suivante des divers éléments de la puissance du mari. « Il y a dans la suprématie du mari, dit M. Gide, deux éléments bien distincts, l'élément moral et l'élément juridique. Que la femme doive être « soumise à l'homme qui est tenu de la protéger, c'est là un « principe de morale consacré par le consentement de tous les

quet, *ibid.*, p. 278, ann. n° 319. Cette proposition ayant échoué au Sénat (séances des 20, 21, 23 et 24 octobre 1886) fut reprise par M. Saint-Martin, déposée à la Chambre des députés le 28 octobre 1886 et prise en considération le 8 mai 1887. Voy. rapp. de M. Saint-Martin, *J. Off.* 3 mai 1888, p. 697. Cons. sur ce sujet, Saint-Marc. *De la conversion des jugements de la séparation de corps en jugements de divorce*, *Rev. crit.* 1885, p. 227 à 234.

[10] Art. 311 du projet : « Le jugement qui prononce la séparation de corps ou un jugement postérieur peut interdire à la femme de porter le nom de son mari... »

[11] Tel était le système élaboré pas la Commission du Sénat

[12] Pour le développement de cet ordre d'idées, cons. l'avis du Conseil d'Etat et les rapports de MM. Flourens et Arnault, *loc. cit.*

« peuples, un de ces axiomes primordiaux qui sont au-dessus « de toute attaque; mais que la femme ne puisse faire un acte « juridique sans l'autorisation formelle du mari, ce n'est plus là « qu'un règlement de droit positif qui, loin d'être universelle- « ment admis, n'a jamais pu trouver place dans cette loi si sage « et si complète qu'on l'a appelée la raison écrite [13]. »

De ce lumineux aperçu nous déduirons l'ordre de nos développements et les conclusions suivantes :

1° Sanction de l'autorité tout arbitraire et contingente du mari à l'égard du patrimoine de la femme, l'incapacité purement juridique établie par les art. 215 et suiv. du Code civil, doit prendre fin avec la vie commune des époux.

2° Conséquence nécessaire du mariage, l'autorité du mari sur la personne de la femme ne peut être modifiée que dans une très faible mesure par la séparation de corps. En principe, elle subsistera avec son étendue actuelle.

I.

Établissons d'abord la nécessité de cette grave réforme. On sait que dans la loi qui nous régit, la séparation de corps ne détruit aucun effet essentiel du mariage et, par voie de conséquence, laisse subsister la puissance maritale. Toutefois, la séparation de biens énoncée par l'art. 311 comme une conséquence légale de la séparation de corps confère à la femme certains pouvoirs d'administration dont les effets bien qu'assez vaguement mesurés par l'art. 1449, sont généralement regardés comme conciliables, théoriquement du moins, avec le maintien de la puissance maritale. Acceptant provisoirement cette manière de voir, nous supposerons que l'incapacité découlant du mariage aux termes des art. 215 et suiv., survit à la séparation de corps, identique d'essence à ce qu'elle était avant cet événement. Donc, sans rechercher dès maintenant si l'autorité du mari n'est pas, comme nous tenterons de l'établir plus loin, diminuée en fait par l'effet de l'art. 1449, nous constaterons volontiers, d'autant mieux que cette constatation fait tout l'intérêt de la discussion, qu'elle conserve de fréquentes et notables occasions de se manifester. Que

[13] Gide, *Condition privée de la femme;* édit. Esmein, p. 468.

la femme désire aliéner ses immeubles à titre onéreux ou gratuit, même pour l'établissement de ses enfants, s'obliger en vue d'une d'une cause étrangère à l'administration de ses biens, ester en justice, etc., dans tous ces cas, elle devra requérir et obtenir l'autorisation de son mari ou à son défaut, celle de justice. L'autorité maritale conserve donc après la séparation de corps d'importants effets. Mais, est-elle exercée sans aucune aggravation de fait? Les circonstances qui ont amené la rupture, la situation nouvelle qu'elle a violemment créée permettent de le craindre; et les faits confirment ces prévisions pessimistes.

Après la séparation de corps, l'autorité du mari ne peut plus être ce pouvoir de contrôle tempéré par l'affection réciproque des époux, auquel la femme se soumet de bonne grâce, car elle le sait institué et exercé aussi bien pour elle-même qu'en vue des intérêts généraux de la famille. Au témoignage des hommes de pratique, elle n'est trop souvent qu'un instrument d'oppression et une occasion de froissements nouveaux pour les époux désunis. Toutes les fois que les exigences de la loi actuelle contraignent la femme à solliciter de son mari l'autorisation nécessaire pour être habilitée à faire un acte excédant les limites de sa capacité, l'obligation de cette démarche qu'elle acceptait autrefois comme une marque de déférence due au chef de la famille, devient pour elle une intolérable humiliation, et elle s'y plie avec d'autant plus de peine que l'autorité du mari peut à bon droit lui être devenue suspecte. Quant au mari, vainqueur ou vaincu dans la lutte judiciaire dont la séparation a été le dénouement, tantôt il ne verra dans l'exercice de son autorité qu'un moyen de faire sentir à la femme le poids de sa suprématie légale, alors il se fera un jeu de suspendre sa décision et de prolonger son examen au-delà de tout nécessité pour infliger à la requérante l'ennui et l'humiliation de l'attente ou lui causer les embarras d'un recours à la justice; tantôt, s'il est à la fois peu scrupuleux et avide, le mari tarifera la concession de son autorisation, il en fera la condition de marchés périodiques et la source de revenus assurés si l'état du patrimoine de la femme nécessite fréquemment des actes de disposition ou l'exercice d'actions judiciaires [15].

[15] Voy. M. Allou, rapp. *passim*, et séance du 18 janvier 1887, p. 17 col. II,

Or, il est rare qu'après la séparation de corps, l'une ou plusieurs de ces causes ne pervertissent pas l'exercice de la puissance maritale ; jusqu'ici, elles ne se sont montrées que trop agissantes, elles ont suscité de vives réclamations qui ont enfin pris corps dans le présent projet de réforme législative. Mais, si le mal est patent, divers sont les remèdes proposés pour le combattre. L'accord est loin d'être fait entre les partisans les plus convaincus de l'urgence d'une réforme; rien ne le montre mieux que les divergences profondes dont les délibérations du Sénat portent de nombreuses traces, et surtout le résultat assez indécis auquel elles ont abouti. Après une discussion approfondie, la Chambre haute s'est prononcée en faveur d'un système mixte, combinaison transactionnelle de deux projets élaborés, l'un par la commission sénatoriale, l'autre par le Conseil d'État. Comme il est vraisemblable que le même choc d'idées se produira plus tard devant le parlement, si jamais ce projet y vient en discussion, nous examinerons successivement les opinions en présence et nous donnerons la priorité au projet de la commission du Sénat, qui est celui dont les dispositions dérangent le moins l'économie du Code civil.

II.

L'idée directrice de ce projet est qu'il suffirait, pour couper court aux abus de l'autorité maritale, d'en remanier simplement le mode d'exercice. En l'absence d'aucun tempérament légal applicable à la séparation de corps, la femme peut être aujourd'hui obligée de gravir en quelque sorte deux degrés de juridiction avant d'obtenir l'autorisation qui lui est nécessaire. D'après les art. 217, 218 et 219, elle doit d'abord solliciter l'approbation de son mari à l'acte judiciaire ou extrajudiciaire par elle projeté; c'est seulement après avoir échoué dans cette première démarche et en avoir fait constater authentiquement l'insuccès par une sommation suivie de refus ou de silence, qu'il lui est permis d'adresser une requête au président du tribunal de son domicile (art. 861 et 862, C. pr. civ.) et de saisir l'autorité judiciaire

M. Pâris, p. 21, col. II et M. Denormandie, p. 23, col. I, et Conf. Rodière et Pont, *Contrat de mariage*, t. III, n° 2191.

chargée de peser en dernier ressort les motifs de la résistance du mari et de la vaincre lorsqu'elle est mal fondée.

Pour épargner à la femme cette procédure vexatoire, coûteuse et prodigue en déceptions de toutes sortes, la commission lui ouvre le choix entre deux partis : ou s'en tenir au système actuel, donc suivre si elle le préfère la marche tracée par les dispositions des Codes civil et de procédure, c'est-à-dire solliciter au préalable l'autorisation du mari et ne demander que subsidiairement celle de justice; ou, en cela consiste l'innovation, requérir directement et immédiatement l'autorisation judiciaire lorsqu'elle redoute de ne pouvoir être habilitée par la voie amiable, avec ce correctif cependant que le mari devra toujours être prévenu de cette demande et mis en demeure d'intervenir s'il croit devoir la combattre [16].

Le trait distinctif de ce projet de réforme est de conserver intact le principe de l'autorité maritale dont le fonctionnement pratique est plutôt simplifié que gravement altéré, car il reste entendu que le tribunal ne pourra statuer sans s'être éclairé des explications du mari et l'avoir mis à même de déduire en chambre du conseil les raisons qui militent à son avis contre le projet dont la femme demande l'exécution.

[16] Voici les formules successives de cette idée :

Texte de la commission. Art. IV. L'article 1449 du Code civil est modifié ainsi qu'il suit, alin. 3 : Elle peut à son gré demander à son mari ou demander directement au tribunal par requête toutes les autorisations nécessaires pour ester en justice, pour l'aliénation de ses immeubles ou de ses valeurs mobilières, pour toutes acquisitions, emploi ou remploi, et généralement pour toutes les mesures que ses intérêts peuvent exiger. Dans ce cas, la femme devra faire notifier copie de sa requête au mari avec mise en demeure d'intervenir si bon lui semble. — Le mari fera connaitre par exploit signifié à la femme, au domicile de l'avoué constitué dans la requête, son intention d'intervenir; alors, il sera donné suite à la procédure d'autorisation, conformément aux articles 861 et suivants du Code de procédure civile. — Huit jours après la signification de la requête, à défaut de notification du mari, le tribunal statuera en chambre du conseil. (Ann. 21, *loc. cit.*) Projet adopté : L'article 1449 est modifié ainsi qu'il suit : alin. 4 : La femme séparée de corps, qui n'a pas recouvré l'exercice de sa capacité civile peut, à son gré, demander à son mari ou demander directement au tribunal, par requête, les autorisations dont elle aurait besoin pour toutes les mesures que ses intérêts peuvent exiger. — L'art. 861 du Code de pro-

On peut critiquer la timidité de cette réforme qui s'analyse en une simple modification de l'art. 861 du Code de procédure civile, obtenue elle-même par une adaptation nouvelle du texte de l'art. 219 du Code civil à la séparation de corps [17]. Toutefois, on ne lui marchandera pas le mérite de remédier à certains des inconvénients signalés plus haut. Par la simplification dont elle fait bénéficier la procédure des demandes d'autorisations, elle réalise un gain notable sur la législation en vigueur. Car, dès que la femme aura quelque raison de prévoir un refus ou de redouter des lenteurs calculées, il lui sera possible sans perte de temps et sans frais préliminaires de s'adresser directement aux tribunaux, lesquels prendront l'avis du mari et sans retard substitueront leur autorisation à son refus toutes les fois que celui-ci leur paraîtra empreint d'un esprit d'opposition malveillante et taquine.

Je dirai cependant que la commission paraît n'avoir été frappée que d'une partie, et la moindre, des difficultés de la situation; ainsi, il semble qu'elle ait pris exclusivement à tâche de simplifier les demandes d'autorisation, et d'en assurer le succès par les voies les plus rapides. Mais, cette latitude qu'elle laisse à la femme séparée d'opter à son gré entre l'autorisation du mari et celle de justice, est pleine de dangers; je la critiquerai comme contraire à l'idée inspiratrice du projet; car, si l'on estime, et la

cédure civile est complété ainsi qu'il suit : al. 2 : Au cas prévu par le dernier alinéa de l'art. 1449 du Code civil, la femme devra faire notifier copie de sa requête au mari, avec indication des jours et heures indiqués par le tribunal et mise en demeure d'intervenir, si bon lui semble. » Avec une plus grande simplicité dans les termes, et une énumération moins minutieuse, mais encore suffisante, des formalités nécessaires, on voit que le texte adopté reproduit la proposition de la commission pour le seul cas où le Sénat a maintenu le principe de l'autorisation maritale après la séparation de corps.

[17] L'article 219 du Code civil contient une disposition très voisine de celle proposée par la commission et adoptée par le Sénat; ce texte admet en effet la femme à « citer son mari directement devant le tribunal » aux fins d'autorisation. Il était nécessaire qu'une loi nouvelle remît cette disposition en vigueur; l'avis général étant que l'art. 219 a été modifié sur ce point par l'art. 861 du Code de procédure. Aubry et Rau, t. V, § 472, note 32. Demolombe, t. IV, n. 250. — Laurent, t. III, p. 177.

commission est de cet avis, que l'inexpérience féminine a besoin d'être constamment guidée et soutenue par un pouvoir de contrôle organisé au moins autant dans l'intérêt de la femme que dans celui de la famille, faciliter et seconder l'obtention de l'autorisation maritale n'est qu'un point secondaire; le point capital est d'assurer par de sages précautions législatives l'impartialité de l'autorité sous laquelle elle est placée.

Or, il est douteux qu'après la séparation de corps le mari continue d'offrir, du moins en règle générale, cette garantie nécessaire. L'expérience montre que dans cette situation l'octroi de l'autorisation maritale est souvent plus nuisible que son refus. Il est possible que le mari auquel les intérêts de la femme sont devenus indifférents ou même odieux accorde sans compter, sans contrôle sérieux et par système, toutes les autorisations qui lui seront demandées avec l'arrière-pensée de favoriser les instincts dissipateurs de la femme et de la pousser à la ruine [19]. Si telle est son intention, aucune disposition légale ne l'empêchera de prêter un concours systématique à la consommation d'opérations désastreuses, aucune autorité supérieure n'ayant dans le système de la commission pas plus que dans celui du Code civil à contrôler ni à redresser le sens dans lequel le mari use de ses pouvoirs.

Puis, dans une législation dont le regrettable silence conduit à décider que le mari peut, par sa seule volonté, habiliter la femme à s'engager envers lui-même ou dans son intérêt [20] — sauf les restrictions mises par la loi à la liberté des contrats entre époux — n'est-il pas urgent d'enlever à ses pouvoirs un mode d'exercice déjà dangereux entre conjoints unis, mais se prêtant aux abus les plus criants après la séparation de corps? Sinon, poussé ou peut-être dominé par le souci de ses intérêts personnels, le mari sera trop souvent enclin à leur donner le pas sur ceux de la femme dont la loi continue de lui confier la garde. Tels sont les inconvénients inhérents à l'exercice personnel de l'autorité maritale, assez graves si l'on juge nécessaire, comme le pense la com-

[19] Gide, *op. cit.* p. 432, note 4.

[20] Aubry et Rau, t. V, p. 148. Demolombe, t. IV, n° 231. Laurent, t. III, p. 178 et Gide, *op. cit.*, p. 433.

mission sénatoriale, de protéger la femme contre ses propres entraînements, pour lui valoir un surcroît de garantie et la protection d'un contrôle exercé par une autorité dont la mission serait d'apprécier soit au lieu et place du mari, soit concurremment avec ce dernier, la convenance et l'opportunité des actes juridiques susceptibles de mettre en jeu la consistance ou l'avenir de son patrimoine. A défaut de cette intervention permanente et obligatoire d'un contrôle nettement défini, non-seulement les intérêts pécuniaires de la femme restent abandonnés au mari, mais en outre, si la question d'habilitation peut être traitée et tranchée entre époux, n'arrivera-t-il jamais, ce qui doit être à tout prix évité, que la femme offre spontanément au mari quelque avantage ou soit contrainte de s'imposer quelque sacrifice d'argent, afin d'enlever comme par surprise l'autorisation dont elle a besoin pour exécuter telle opération inutile ou ruineuse que la justice eût sagement interdite. Ainsi échappe toute garantie contre les éventualités de marchandage si fortement signalées par les orateurs de la commission [21]. A vrai dire, l'aboutissement rationnel et logique de l'idée mère de leur projet — maintien et réforme de l'autorité maritale — eût été de la soumettre à de nouvelles conditions d'exercice contenues dans l'une ou l'autre des solutions suivantes : ou retirer au mari le pouvoir de conférer à la femme aucune autorisation et transférer cette prérogative à l'autorité judiciaire [22], ou, mesure moins grave, respecter les droits du mari et se contenter d'en soumettre l'exercice au contrôle des tribunaux [23]. Toutefois on ne voit pas qu'il ait été fait aucune part à l'application de l'un ou de l'autre de ces systèmes. Et cependant dès

[21] M. Flourens, Rapp. présenté au nom du Conseil d'État, *loc. cit.* p. 380, col. 1.

[22] Proposition originaire déposée le 12 juin 1884, ann. 185. Art. 2. La femme ne sera pas obligée pour contracter ou ester en justice de demander l'autorisation de son mari; mais, elle sera tenue dans les cas où elle ne pourrait contracter ou ester en justice sans autorisation maritale, de demander l'approbation du tribunal, qui sera saisi par requête et statuera en la chambre du conseil, le ministère public entendu.

[23] Ces deux systèmes concordent en ce point qu'ils confèrent l'un et l'autre à la justice le pouvoir effectif d'habiliter la femme, mais avec une différence de procédure qu'il ne faut pas oublier. Le premier, en effet, permet à la

le début de leurs travaux, les auteurs de la proposition originaire en avaient compris la justesse; car, après quelques hésitations sur le choix d'un agent de contrôle supérieur et faute d'en trouver un meilleur que l'autorité judiciaire [24], ils s'étaient décidés à substituer l'autorisation de justice à celle du mari pour la femme séparée de corps.

Pourquoi cette innovation a-t-elle été ultérieurement abandonnée et surtout pourquoi n'a-t-elle pas été maintenue par la commission du Sénat dominée, comme la plupart de celles qui s'occupent de remanier nos lois civiles, par le scrupule exagéré de sauver le Code civil de toute atteinte subversive, même en cas de nécessité avérée [25]. Cette innovation n'était-elle pas assez conforme à l'esprit général de la loi alors qu'il est déjà fait appel à l'autorité judiciaire pour apprécier les causes de refus d'autorisation (art. 218 et 219), et que des textes formels (art. 221, 222 et 224) réglant autant d'hypothèses où le mari est, pour des raisons diverses, hors d'état de prendre en main les intérêts de la femme et de formuler à leur égard une opinion réfléchie, impartiale ou même quelconque, lui substituent la justice pour autoriser la femme soit à passer un acte, soit à exercer une action judiciaire? En présence de ces décisions multiples, quoi de plus simple que de déléguer l'autorité judiciaire dans l'exercice des pouvoirs du mari, tant de raisons faisant craindre qu'il soit devenu incapable ou indigne de les exercer?

Aucune de ces analogies n'a cependant été invoquée et avec raison, car aucune d'elles n'est convaincante. D'abord, il est douteux que cette règle suivant laquelle l'incapacité (interdiction, minorité) ou l'indignité (condamnation criminelle) du mari transfèrent

justice de statuer sans entendre le mari; le second au contraire exigerait que le mari fût cité et mis en demeure de fournir au tribunal les éclaircissements nécessaires sur toute demande d'autorisation.

[24] Pour quelles raisons a-t-on écarté toute intervention d'un conseil de famille dont on peut observer que l'art. 2144, C. civ., contient le germe? Voy. ann. 185, *loc. cit.* p. 260, col. 1.

[25] Le texte modifié de la proposition de MM. Allou, etc., remplace le texte de la proposition originaire par une rédaction nouvelle de l'art. 1449 adoptée plus tard par la commission, ann. 185 *bis* rectifié. Sén. Doc. Parl. 1884, p. 567.

à la justice le pouvoir d'habiliter la femme, doive être étendue au mari séparé de corps qui, par hypothèse, n'est pas nécessairement incapable ou indigne d'émettre une volonté réfléchie ou d'exercer personnellement son autorité. Certainement, il est suspect; mais, il y aurait exagération à soutenir que cette suspicion exige qu'il soit entièrement dépossédé de ses pouvoirs alors surtout que la séparation de corps a pu être prononcée à son profit. Cette situation ne saurait donc justifier une disposition aussi sévère que celle de l'art. 221 [26]; mais du moins n'aurait-elle pu motiver l'adoption de la seconde solution indiquée plus haut, moins rigoureuse pour le mari et créant entre lui et l'autorité judiciaire ce partage d'attributions, ce contrôle permanent que la commission devait organiser pour obéir selon nous à l'enchaînement logique de ses idées [27]? Quoi qu'il en soit, aucun système de ce genre n'a été proposé, de même que la proposition originaire a été retirée sans doute parce qu'on a vu trop clairement les raisons péremptoires de les écarter. Tous deux sont d'abord, quoiqu'à des degrés divers, destructifs de l'action personnelle du mari, et, sous ce rapport, inconciliables avec le maintien de l'autorité maritale que la commission désire essentiellement conserver dans son intégrité. Puis, sans parler des frais et des lenteurs inhérents à la mise en œuvre de ces deux solutions, est-il besoin d'insister longuement sur leur défaut capital qui est de fausser le rôle de l'autorité judiciaire par une extension démesurée et jusqu'ici inconnue de ses attributions. Car, en dehors des cas d'indignité caractérisée ou d'incapacité notoire, il n'est pas douteux que la justice n'ait pas qualité pour s'immiscer dans les affaires des conjoints, ni exercer d'autre mission que celle de corriger dans ses abus ou de modérer dans ses manifestations oppressives le pouvoir domestique du mari. Pour assurer l'accomplissement de cette fonction, il suffit

[26] M. Allou, rapp., ann. 150, Sén. Doc. Parl. 1885, p. 164, col. III.

[27] Sans que l'adoption de ce système ait pour résultat d'enlever au mari son droit personnel d'autorisation, pour les cas où la loi (art. 1556) ou son esprit (engagement théâtral, exercice d'action en revendication d'un propre aliéné par le mari, autorisation de faire le commerce ; Voy. Aubry et Rau, t V, § 472, notes 30 et 31, § 510, note 26; Lyon-Caen et Renault, t. I, p. 91) permettent de décider qu'il n'appartient pas à la justice de donner une autorisation supplétive.

de lui reconnaître le pouvoir de vaincre une mauvaise volonté évidente ou de déjouer des manœuvres purement tracassières; mais, aller au delà et, d'une façon permanente, la substituer ou seulement l'associer au mari dans l'exercice de ses droits, c'est, au premier cas, tout conserver de la puissance maritale, sauf le moteur essentiel qui est le mari [28], au second, préparer un conflit entre autorités rivales. Dans les deux hypothèses c'est faire sortir la justice du cercle ordinaire de ses attributions et la doter d'une faculté d'immixtion dans les affaires des conjoints, nécessairement inquisitoriale et peut-être plus vexatoire que le maintien pur et simple de la législation existante [29].

En résumé, la commission aurait dû reculer devant les conséquences logiques de ses idées, si tant est qu'elle ait jamais eu la velléité de les poursuivre, faute de pouvoir leur donner une organisation acceptable et pleinement protectrice des intérêts de la femme. Sagement, elle s'est bornée à proposer une réforme de pur détail et de simple procédure qu'elle-même a dû avoir quelque peine à considérer comme le dernier terme des améliorations qui puissent être apportées à la condition juridique de la femme séparée de corps.

Donc, nous écartons cette première théorie à raison de son insuffisance pratique; et si, dans la suite, il nous arrive de faire un grand nombre d'emprunts, tant aux rapports qu'aux discours où elle se trouve développée, ce ne sera que pour étudier les objections que ces documents contiennent contre la solution beaucoup plus large que nous nous réservons d'appuyer.

III.

Chargé d'examiner l'œuvre de la commission dans l'intervalle des deux délibérations dont elle a été l'objet devant le Sénat, le Conseil d'Etat ne lui a pas ménagé les critiques et finalement l'a rejetée.

Atteignant d'emblée la limite extrême des réformes possibles, le Conseil d'État propose que la femme séparée recouvre une capacité civile pleine et entière; il l'affranchit de la sujétion à

[28] M. Léon Renault, Sén. Déb. Parl. 1887, p. 28, col. III.
[29] M. Pâris, Sén., Déb. Parl. 1887, p. 21, col. III.

laquelle l'astreint le Code civil et la déclare juridiquement indépendante dans la sphère des intérêts pécuniaires [30].

Cette proposition dont la hardiesse ne manquera pas de troubler plus d'un juriste mérite un examen d'autant plus attentif qu'elle fait table rase de toute une catégorie d'idées auxquelles on prête de confiance une importance primordiale ; elle est de la plus haute gravité dans une législation qui, à l'exemple de la nôtre, investit la femme de droits patrimoniaux égaux à ceux de l'homme ; elle aurait pour résultat de lui octroyer, ainsi que le dit formellement le texte du projet, l'entier exercice des droits civils.

Cette proposition est déduite des traits généraux de la condition juridique de la femme. En effet, à quelques exceptions près concernant des « droits placés entre la région des droits civils qui « appartiennent tous à la femme, et celle des droits civiques et « politiques qui lui sont refusés, » la femme est devenue dans la législation moderne l'égale juridique de l'homme [31].

Dans l'ordre des droits de famille, la femme est apte, à peu près au même titre que l'homme, à exercer les droits de puissance domestique sur la personne de ses enfants. Veuve, elle succède à l'ensemble presque complet des prérogatives de la puissance paternelle (C. civ., art. 149, 397, 384. Voy. cependant 381, 386, 391). En dehors du mariage, la mère naturelle est investie, sauf une exception notable (art. 158), de droits égaux à ceux du père, les tribunaux ayant mission de trancher les conflits qui surgissent à l'occasion de leur exercice (arg. art. 302). Durant le mariage, il est, vrai, le droit du père l'emporte (article 373), sur celui de la mère ; mais, cet effet de la suprématie maritale ne concerne que les enfants communs ; sur ceux d'un

[30] Rapport de M. Flourens, *loc. cit.*, p. 380, col. 3. Voy. la déclaration par laquelle M. Gonse, commissaire du gouvernement, s'est rallié à l'amendement de M. Pâris qui reproduit le système du Conseil d'État. Conf. le projet déposé par la commission de la Chambre des députés : « Art. 3. La séparation de corps emporte toujours la séparation de biens — elle a en « outre pour effet de rendre à la femme le plein exercice de sa capacité « civile sans qu'elle ait besoin de recourir à l'autorisation de son mari ou « de justice. »

[31] Gide, *op. cit.* p. 421. M. Léon Renault, Séance du 20 janvier 1887, p. 27, 3 col., p. 30.

premier lit, la veuve remariée conserve l'intégralité de ses droits de puissance, de même sur ses enfants naturels dont la reconnaissance peut, sauf limitation de ses effets, intervenir valablement du chef de la mère, sans aucune autorisation, au cours du mariage; et, encore, la prépondérance du mari cesse-t-elle de s'exercer en cas d'absence, d'interdiction ou par l'effet de condamnations criminelles ou de déchance, autant d'événements dont le résultat est de confier à la femme la direction de la famille (art. 141, 149, 2, C. com.; et loi du 24 juillet 1889, art. 1, 2 et 9).

Dans l'ordre des intérêts pécuniaires, elle a conquis la pleine capacité de contracter (art. 388, 488) [32] et, en même temps que l'égalité des droits héréditaires (art. 745, C. civ. et sanction du principe, art. 791, 1050, 1389), la libre disposition de son patrimoine qui d'ailleurs n'aurait pu lui être refusée sous peine de « paralyser la moitié de la fortune publique [33]. »

Ainsi, fille, veuve ou divorcée, la femme échappe au traditionnel soupçon d'inexpérience et de légèreté; douée, pourvu qu'elle soit majeure, si d'ailleurs on néglige quelques vestiges de ce qu'on appelait jadis la supériorité du sexe (art. 37 et 442, § 3, C. civ., loi du 25 ventôse an XI, art. 9), d'une capacité civile aussi étendue que celle de l'homme. Mariée, elle conserve, quoique incapable, une notable liberté d'action pour l'exercice de certains droits pécuniaires (art. 226, 905-2°, 940, 1096, 2139). D'où l'on conclut que si l'état de mariage la frappe encore d'incapacité, ce n'est plus comme autrefois pour l'asservir à raison d'une présomption d'infériorité d'esprit qui manifestement a cessé d'inspirer notre législation, mais pour de tout autres raisons qu'il importe de dégager. Au fond, dit-on, la dépendance de la femme à l'égard du mari ne peut se comprendre, tels sont d'ailleurs ses premiers traits historiques [34], que comme conséquence de l'établissement d'une certaine communauté d'intérêts entre époux et

[32] Voy. cependant art. 113, C. com., qui conserve une certaine valeur d'application, même depuis l'abolition de la contrainte par corps. Lyon-Caen et Renault, t. I., n° 1077 *in fine*.

[33] Gide, *op. cit.*, p. 417.

[34] Gide, *op. cit.*, p. 469 et suiv.

moyen d'assurer à la direction de l'association conjugale les avantages de l'unité de vues et de volonté [35].

Que si les effets de l'incapacité vont, dépassant la sphère des intérêts proprement conjugaux ou communs, jusqu'à discipliner l'activité juridique de la femme à l'égard de son patrimoine personnel, c'est qu'il n'est à peu près aucun de ses actes relatifs à cet objet qui ne puisse, si l'on n'y prend garde, soit entraver l'exercice des pouvoirs d'administration que le régime matrimonial a pu donner au mari sur ses biens, soit gêner son initiative et compromettre par contre-coup le succès des combinaisons qu'il a pu former pour la gestion des affaires communes. Au fond, l'incapacité de la femme procède de cette idée simple que dans une société de deux personnes, il faut, aussi bien pour éviter les conflits sans issue que pour rendre possible l'administration du fonds social, donner à l'un des associés une influence prépondérante; et cette prérogative ne pouvait être mieux placée que dans les mains du mari tout naturellement appelé par ses aptitudes et sa connaissance habituelle des affaires à la direction supérieure des intérêts du ménage.

On aurait pu ajouter qu'en fait l'incapacité n'établit pas nécessairement entre les deux époux un rapport de subordination aussi tranché que le donnerait à croire l'économie de la loi actuelle; pratiquement, le mari est loin d'être le chef autocratique de la société conjugale et, à supposer, ce dont il est permis de douter, la loi même contenant une disposition formelle sur les obligations contractées par la femme en vertu d'un mandat exprès ou tacite du mari (art. 1420), qu'il ait été dans la pensée des auteurs du Code civil de dénier à la femme aucun rôle dans la conduite des affaires communes ou de méconnaître la part effective qu'elle y peut prendre, les mœurs auraient depuis longtemps redressé une théorie aussi contraire à l'égalité civile et

[35] « La raison d'être de l'autorisation maritale réside exclusivement — et « sur ce point il n'y a pas de contestation — dans la nécessité d'assurer « l'unité de direction dans cette société de deux personnes qui se forme par le « mariage et qui s'appelle l'association conjugale, unité indispensable à la « paix et à l'honneur du ménage commun à la bonne gestion des intérêts « matrimoniaux. » M. Flourens, rapp. *loc. cit.* p. 380, col. 2.

morale des époux. Car, il n'est guère de ménages où tout projet de caractère juridique, toute affaire concernant le patrimoine propre de l'un des conjoints, ou affectant leurs intérêts collectifs, ne soient l'objet d'une entente résultant de délibérations communes. Loin d'être hiérarchisés, les époux concourent, sur le pied d'une égalité au moins morale, à la gestion de leurs intérêts communs ou personnels. Par là s'explique, en partie du moins, l'absence d'aucune obligation de rendre compte pour le mari considéré comme chef de la communauté; préciser la part de responsabilité qui peut lui incomber dans la dissipation de l'actif commun et la mettre à sa charge eût été d'une difficulté insoluble, tant est fréquente la participation des deux époux à la conduite plus ou moins sage des affaires de la communauté [36].

Et, cette collaboration n'est pas que l'effet purement volontaire et nullement nécessaire du degré de confiance réciproque qu'ils peuvent mutuellement s'accorder ; elle est encore déterminée par l'existence de l'hypothèque légale dont les effets présents ou éventuels contraignent le mari, soit qu'il aliène ou hypothèque un de ses immeubles propre ou commun, soit même qu'il contracte une obligation purement personnelle, à réclamer le concours juridique de la femme pour donner pleine sécurité au tiers avec qui il traite. « Il est utile (ce concours) aux créanciers dont « le gage pourrait sans cela être absorbé par les reprises dotales; « il est utile aux acheteurs pour les décharger de la purge légale « et les prémunir contre les dangers d'une surenchère [37]. Il y « a plus encore : grâce à la jurisprudence actuelle qui a fort « sagement étendu l'hypothèque légale sur les conquêts de la

[36] Voy. Colmet de Santerre, t. VI, n° 65 *bis*, III, p. 142. Juste en soi, cette idée contient des conséquences que le savant auteur répudierait certainement; car s'il est vrai que les deux époux exercent une influence plus ou moins partagée sur les destinées de la communauté, comment admettre que la femme renonçante puisse, lors de la dissolution, retirer sa fortune propre, franche et quitte de dettes à la naissance desquelles elle a virtuellement participé en qualité d'associée?

[37] La loi du 15 février 1889 est destinée à mettre fin dans l'intérêt de l'acquéreur d'immeubles aux divergences de la jurisprudence sur l'interprétation de l'art. 9 de la loi du 23 mars 1855. Voy. sur cette loi récente, Didier, *le Droit*, 14, 15 et 16 juillet 1889.

« communauté, le mari en fait ne peut plus disposer seul des « biens communs : ici encore, il est sans cesse obligé de solliciter « l'intervention de sa femme... De nos jours comme au moyen-« âge, les deux époux en communauté, dans tous les actes impor-« tants de la vie civile, stipulent ou s'engagent en commun ; de « même que la femme n'agit jamais sans l'autorisation de son « mari, le mari, de son côté, n'agit presque jamais sans le con-« cours de la femme ; la collaboration est incessante entre les « deux associés[38]. »

Donc, en dehors de sa fonction principale, qui est de donner à la femme de sérieuses garanties pour la conservation de ses droits, l'hypothèque envisagée sous d'autres aspects est pour elle un puissant moyen d'action et d'influence sur certains actes du mari. Par son application aux conquêts, elle l'associe activement à l'administration de la communauté au point qu'il est en son pouvoir de favoriser en de retarder sinon de faire échouer un grand nombre de combinaisons du mari ; en tant qu'elle porte sur les biens de ce dernier, elle rétablit au profit de la femme, pour partie au moins, l'équilibre rompu par la puissance maritale ; elle l'investit d'un droit de contrôle et de surveillance ten-

[38] Gide, *op. cit.*, p. 482. Le rôle pratique de l'hypothèque légale fournit au même auteur le thème d'une ingénieuse comparaison entre cette sûreté et le douaire. Il est remarquable que ces deux droits, dont aucun n'a été directement créé pour favoriser la participation de la femme à la gestion des affaires communes, ou lui permettre de veiller à la conservation des biens du mari, se sont, comme d'eux-mêmes, détournés du but précis de leur institution pour produire ces résultats ; mais le douaire d'une manière particulièrement énergique, car il s'analyse pour la femme en une acquisition d'usufruit sous condition de survie, s'accomplissant, dit l'article 248 de la Cout. de Paris « au jour des épousailles et bénédiction nuptiale » avec cette conséquence qu'aucune aliénation ultérieure ou décret pratiqué par un créancier postérieur à la constitution du douaire ne peut lui faire grief sans le consentement de la femme. (Renusson, *Traité du douaire*, ch. III, n° 72, ch. X, n°s 1 et 2. Laurière, sur l'art. 249 de la cout. de Paris, t. II, p. 261. Pothier, Introd. au t. XII de la cout. d'Orléans, § VI, n° 51 et *Traité du douaire*, n°s 84, 85, 91). Tandis qu'au contraire l'hypothèque du Code civil n'ayant de valeur que comme garantie des créances de la femme contre le mari prend rang à des dates diverses dont certaines de beaucoup postérieures à la célébration du mariage (art. 2135).

dant à la conservation des biens immobiliers de son conjoint, droit corrélatif à l'autorité et aux pouvoirs dont celui-ci dispose à son égard tant en vertu de l'art. 217 que comme conséquence des divers régimes matrimoniaux.

Ainsi est atténuée, autant par l'effet des mœurs que par l'art. 2121, la rigueur du principe qui soumet le plus grand nombre des actes juridiques de la femme à la condition essentielle d'une autorisation du mari. En règle, chaque décision de quelque importance est l'œuvre collective et anonyme des époux, l'expression extérieure d'un arrangement librement débattu dont l'exécution seule appartient au mari ou à la femme suivant le patrimoine auquel elle se réfère.

Ceci posé, la survivance de l'incapacité pendant la séparation de corps apparaît comme une erreur de logique qu'il faut sans retard rayer de nos lois. Dérivant de la communauté d'intérêts qui l'explique, liée à la communauté de vie qui la tempère, liée enfin « non plus à cet ensemble qui s'appelle le mariage, mais à la vie conjugale, en ménage », l'incapacité ne pourrait sans danger être isolée de cette condition d'existence et de cette garantie maîtresse. Avec la désunion des époux, une situation nouvelle s'est créée qui prive la puissance maritale des conditions nécessaires à son fonctionnement régulier. L'antagonisme moral des personnes autant que leur dispersion physique s'opposent à toute entente et enlèvent à l'autorité maritale un contre-poids à défaut duquel elle ne peut que dégénérer en un joug oppressif. Puis, aux termes de l'art. 311 la séparation de corps emporte nécessairement séparation de biens; donc, plus de contributions aux charges d'un ménage qui a cessé d'être, plus d'intérêts collectifs auxquels il soit nécessaire d'imprimer une direction unique; dès lors, quelle nécessité d'entraver l'initiative personnelle de la femme pour la sauvegarde d'intérêts qui ont pris fin ou le succès de vues d'ensemble dont la conception même est devenue impossible faute d'objet ?

Cette façon de comprendre la condition de la femme mariée et la conclusion qui en est la suite n'ont certes rien que de satisfaisant pour l'esprit. Est-il bien sûr cependant qu'elles rendent exactement la pensée du législateur de 1804 et cadrent avec toutes les parties de son œuvre ? Sur ce point, qu'il nous soit permis de formuler nos objections, non pour y chercher des fins de non recevoir contre l'innovation proposée, mais simplement pour en mesurer la portée réelle et faire ressortir ses difficultés qui paraissent avoir été trop méconnues. En réalité, tout est à reprendre dans ce raisonnement qui prête à nos lois ce prétendu principe de l'égalité des époux dans le mariage, pour amener cette conclusion que l'incapacité étant par hypothèse transformée par la séparation de corps en un instrument d'inégalité, ne saurait être maintenue avec une altération aussi grave de son caractère normal.

L'argumentation du Conseil d'État pèche en ce point qu'au rebours de ce qui lui sert de postulat, l'inégalité des époux est bien, dans notre législation, la loi constitutionnelle du mariage; établie dès le début, elle se maintient pendant toute sa durée et elle en constitue un effet attendu auquel la séparation de corps donne seulement un caractère oppressif. C'est donc à tort qu'on reproche à la séparation de corps d'inaugurer contre toute raison une situation nouvelle, en contradiction avec le principe de la société conjugale ; elle aggrave seulement, ce qui d'ailleurs est suffisant pour motiver une réforme, les conséquences d'une situation préétablie dont tous les éléments sont disposés en vue de l'inégalité des époux.

De nos jours en effet, l'incapacité n'est plus seulement ce qu'elle a pu être à l'origine de son institution, un rouage du régime de la communauté et un gage de sa prospérité ; elle est, Pothier l'atteste en termes formels [40], la sanction juridique d'une subordination de la femme au mari qui, pour être diminuée et comme masquée par le libéralisme des mœurs, joint à l'existence de l'hypothèque légale, n'en est pas moins effective.

D'abord, il ne faut pas se dissimuler que l'hypothèque légale n'est tout au plus, malgré les apparences, qu'un palliatif de l'inégalité des situations. En dépit du droit d'intervention dont elle munit la femme, l'influence du mari ne cesse pas d'être prépondérante. Quant à l'administration des affaires du ménage et même de celles de la femme, le mari dispose d'une autorité incontestée,

[40] Pothier, *Puissance du mari*, n° 15.

si bien que la loi a dû, par mesure de prévoyance, se préoccuper de contrepeser cette volonté unique par une série de garanties énergiques, quelques-unes exorbitantes du droit commun, dont l'objet est d'empêcher le mari soit de dissiper le patrimoine de la femme, soit de l'engager directement ou indirectement par son fait personnel [44].

Puis, en tant qu'elle porte sur les biens du mari, l'hypothèque n'est pas pour la femme un moyen d'action à beaucoup près aussi puissant que l'autorité maritale pour le mari. Autre chose l'hypothèque dont les effets ne se font sentir que sur une catégorie de biens, autre chose l'incapacité qui d'une manière générale paralyse l'activité juridique dans ses manifestations les plus graves et les plus fréquentes. En fait, la femme est donc subordonnée au mari et cet état de subordination ne s'explique pas seulement, nous allons le montrer, par les raisons que le Conseil d'État a jugées déterminantes.

Un grand nombre de dispositions du Code civil viennent à l'appui de ce sentiment. Si la seule nécessité d'assurer au mari la haute direction des affaires conjugales pouvait expliquer, abstraction faite de toute idée d'inégalité entre conjoints, l'effacement juridique de la femme, on devrait rencontrer dans la loi quelques mesures corrélatives à cette idée générale dont voici les plus saillantes : 1° Une fusion quelconque d'intérêts eût été la condition première de l'incapacité ; 2° le mari eût obtenu comme juge souverain des intérêts du ménage la faculté d'arbitrer, suivant les circonstances, la somme d'indépendance et d'activité que la femme doit sacrifier ou peut consacrer à l'intérêt commun ; 3° c'eût été pour le législateur un devoir étroit que de réintingrer la femme dans la plénitude de sa capacité juridique comme de la faire succéder pleinement aux fonctions du chef de famille dès que celui-ci est devenu incapable ou indigne de les exercer.

Si aucune de ces dispositions n'était insérée au Code civil, leur absence constituerait déjà un fort préjugé contre le bien fondé de la thèse que nous examinons ; mais, il y a mieux, sur chacun

[44] Art. 1408, 1431, 1443, 1471, 1483 et 1453, cette dernière déposition dérogatoire à une règle fondamentale des sociétés, art. 1855. Conf. Laurière sur l'art. 237 de la cout. de Paris, t. II, p. 226.

de ces points, ou la loi est formellement prohibitive ou bien elle donne une solution contraire à l'une ou l'autre des conséquences qui viennent d'être énumérées.

D'abord, il y a dans la loi indépendance absolue entre ces deux termes : incapacité de la femme, existence d'une société pécuniaire entre les époux. Peu importerai qu'ils eussent nettement marqué le désir d'éviter toute confusion de leurs patrimoines respectifs, par exemple en adoptant le régime de la plus rigoureuse séparation de biens; même dans ce cas, rien ne serait changé, au moins d'une façon théorique, à la condition juridique de la femme (art. 215, 217, 1449 3°, 1576). D'autre part sont interdits au mari tous actes emportant abdication directe ou même indirecte de la puissance maritale; ainsi de toute renonciation à l'une des prérogatives comprises dans la qualité de chef de famille, donc le mari ne saurait faire abandon à la femme soit par une clause des conventions matrimoniales, soit pendant le mariage, d'aucune part de ses pouvoirs de direction supérieure (art. 1388); ainsi encore de toute autorisation qui ne présenterait pas un caractère de spécialité nettement accusée, donc le mari ne dispose d'aucun moyen de restituer à la femme par voie d'autorisation générale et pour un laps de temps indéfini l'entier ou partiel exercice de sa capacité (art. 223, 1538 2°) [42].

Il est vrai, qu'en cas d'interdiction légale ou judiciaire du mari, la femme, si elle est désignée comme tutrice [43]; en cas d'absence, si elle use de la faculté d'opter pour la continuation

[42] Requise d'abord avec une extrême rigueur (Caen, 27 janvier 1851, 51. 2. 428) qui s'est plus tard assouplie (Toulouse, 22 mai 1876, 76. 2. 209. Cass. 25 novembre 1878, 79. 1. 58), cette spécialité d'autorisation imprime à la puissance maritale le caractère d'un pouvoir de protection. Mais on doit se rappeler que l'autorisation proprement dite n'est exigée qu'autant qu'il s'agit d'habiliter la femme à l'exercice de droits qu'elle s'est personnellement réservés, c'est-à-dire lorsqu'elle agit en son propre nom ; donc nul doute que la femme puisse, sans violer aucun des articles 223 et 1388 recevoir du mari le mandat général et révocable d'administrer les biens communs et ceux du mari ou même d'en disposer (arg. art. 1420), comme aussi recouvrer par le même moyen et sous la même condition de révocabilité l'exercice des pouvoirs dont elle l'a investi par contrat de mariage sur ses biens personnels. (Demolombe, IV, 204, 205).

[43] Art. 507, C. civ.

de la communauté que lui ouvre l'art. 124, prendra l'administration tant des biens communs que des propres du mari. Toutefois en aucun de ces cas, on ne peut dire qu'elle succède purement et simplement à ses attributions; en qualité de tutrice elle agit sous le contrôle du conseil de famille et suivant les conditions qu'il lui a imposées; quant à la femme de l'absent, elle n'exerce à l'égard des biens dont elle a pris l'administration que des pouvoirs restreints (art. 1427) et en somme un peu inférieurs à ceux de l'envoyé en possession provisoire [44].

Cependant, quoique reconnue capable d'être tutrice de son mari, bien qu'admise à succéder à certaines de ses attributions avec des restrictions qui, malgré leur gravité, la laissent néanmoins munie de pouvoirs très généraux en vertu desquels elle devient apte à faire seule certains actes auxquels elle est en principe incapable de procéder sans autorisation [45], la femme, qu'on l'observe bien, demeure, quant à son patrimoine personnel, sous le régime de l'incapacité; sans doute elle recouvre l'administration de ses biens si elle en a délégué la jouissance au mari pour subvenir aux charges du mariage: mais, elle devra, toutes les fois qu'il lui sera nécessaire de dépasser les limites d'une libre administration, requérir l'autorisation du mari ou de justice. En résumé, il lui est plus facile d'obtenir le pouvoir de représenter la personne du mari interdit ou de prendre la direction des biens communs en cas d'absence que d'être relevée par rapport à son patrimoine propre des effets de l'incapacité (art. 221 et 222) [46].

Que conclure de ce contraste? Que le besoin d'assurer au chef de la société conjugale un pouvoir de direction effectif et garanti contre les déviations ou les embarras que pourrait lui susciter l'action indépendante et parfois contradictoire de sa coasso-

[44] Aubry et Rau, t. I, p. 616, 617.

[45] A titre de tutrice la femme exerce les actions mobilières compétant au mari (art. 464, C. civ.). Si elle opte pour la continuation de la communauté, on pourra, si l'on est d'avis qu'il faut l'assimiler à l'envoyé en possession provisoire, l'admettre à intenter seule au moins les actions mobilières ou possessoires de la communauté ou du mari. Voy. Aubry et Rau, *loc. cit.* et Laurent, t. II, n° 209. — *Garsonnet*, t. 1er, p. 582.

[46] Demolombe, t. II, § 272, p. 375.

ciée, ne peut, quelle qu'ait pu être d'ailleurs sa part réelle d'influence, rendre compte à elle seule de la dépendance de la femme. Si telle eût été la pensée exclusive du législateur, cette dépendance eût dû s'effacer comme ayant cessé de répondre aux raisons qui l'ont fait établir lorsque la femme étant à peu près substituée au mari pour l'expédition des affaires communes n'a à prendre conseil que d'elle-même sans craindre la contradiction d'aucune volonté rivale. D'où nous conclurons que dans l'œuvre du législateur la volonté d'assurer au mari la gestion exclusive des intérêts pécuniaires tient une moindre place que celle de placer la femme en tutelle pour des raisons qui, sans avoir jamais été clairement pénétrées, paraissent être cependant très différentes de celles qui viennent d'être réfutées. Et si par hypothèse, nous formons ici une supposition dont la vérification sera plus loin entreprise, les traits généraux de la condition de la femme n'avaient été arrêtés que pour la protéger contre ses propres entraînements et dans l'intérêt de ses enfants aussi bien que dans le sien propre, son incapacité constituerait alors l'une des principales assises de la famille à laquelle on ne saurait toucher que pour des raisons d'une nécessité parfaitement démontrée.

Ce problème du maintien ou de la suppression de l'incapacité après la séparation de corps présente donc une rare complexité, et la solution qu'en propose le Conseil d'État d'accord avec la commission de la Chambre des députés, n'est pas en harmonie assez étroite avec l'esprit général de nos institutions civiles pour s'imposer avec autant d'autorité logique qu'on paraît le croire; moins encore doit-elle triompher par l'effet d'une nécessité de raison à laquelle on aurait tort de croire que les rédacteurs du Code civil n'ont pu se dérober qu'au prix d'une inconséquence législative. Sans contradiction aucune, le législateur de 1804 a pu conserver l'incapacité en cas de séparation de corps, et l'abolition de cet état de choses constituerait bien réellement une innovation dont il ne faudrait pas essayer de diminuer la portée même pour en préparer le succès. C'est assez dire que pour nous prononcer dans le même sens que le Conseil d'État nous aurons à résoudre de sérieuses objections et que nous ne pourrons rendre à la femme séparée le plein exercice de sa capacité sans avoir au préalable établi que cette réforme ne compromet en rien aucun des intérêts essentiels de la famille.

Telles sont, dans leurs lignes générales et même renforcées de quelques développements nouveaux, les deux théories principales émises sur ce sujet. Issues d'une tendance unique qui est de protéger la femme séparée de corps contre les excès de la suprématie maritale, elles aboutissent, malgré l'identité de leur point de départ, à des conclusions absolument divergentes. La première conserve l'autorité du mari sous des conditions que nous croyons insuffisantes pour remédier aux vices qu'une longue expérience a relevés contre elle. Nous l'avons déjà écartée et nous maintenons cette exclusion. Nous adhérons à la seconde qui restitue à la femme la libre disposition de ses biens; mais, comme on le verra plus tard, pour des raisons assez éloignées de celles mises en avant par le Conseil d'État. Aucune d'elles cependant n'a pleinement triomphé et nous devons, pour ne négliger aucun incident de la discussion, exposer et discuter la solution intermédiaire adoptée par le Sénat.

IV.

Après un long débat dans lequel ces deux théories furent tour à tour habilement défendues, la proposition du Conseil d'État présentée sous forme d'amendement par MM. Pâris et Naquet échoua, repoussée par 141 voix contre 108 [46 bis]. Toutefois, cette élimination ne valut aux idées de la commission qu'un triomphe de courte durée; quelques instants après, le Sénat prit en considération un sous-amendement de M. Bardoux, lequel passa plus tard dans le projet adopté [47]. Mais, le succès de cette proposition, formulée à un moment où le débat pouvait paraître clos, n'eut pas pour résultat de supplanter d'une manière absolue le sys-

[46 bis] Séance du 20 janvier 1887.

[47] Amendement Bardoux : « La séparation de corps prononcée contre le mari aura en outre pour effet de rendre à la femme le plein exercice de la capacité civile sans qu'elle ait besoin, en aucun cas, de recourir à l'autorisation de son mari, ou de justice. » Sén. Déb. parl., 1887, p. 37.

tème de la commission; il en restreignit seulement la portée et l'étendue d'application par une distinction d'apparence rationnelle, mais au fond, à notre avis du moins, purement spécieuse.

Ce revirement inattendu nous met en présence d'un système composite fixant la condition juridique de la femme séparée de corps, suivant que la séparation a été prononcée pour ou contre elle; au premier cas, elle recouvre l'exercice de ses droits civils [48]; au second, placée sous le régime de l'art. 1449 combiné avec la permanence de l'incapacité, elle acquiert seulement des facilités nouvelles pour se faire habiliter, les mêmes d'ailleurs que celles qui lui étaient déjà accordées par la commission [49].

Rien n'est plus clair que l'énoncé de ces dispositions; moins simple en serait l'application pratique [50].

La première au moins abandonne au hasard de l'interprétation des auteurs et des magistrats la solution de questions importantes qu'il eût été bon de trancher expressément. Ainsi, la rédaction de l'art. 311 laisse dans l'ombre l'étendue précise de cette capacité civile. Quelle sera-t-elle? Invariablement celle du droit commun? Ou, s'il faut consulter les conventions matrimoniales, tantôt cette capacité sans limitation d'aucune sorte, tantôt seule-

[48] L'art. 311 du Code civil est remplacé par les dispositions suivantes : § 3. Si elle (la séparation de corps) est prononcée contre le mari, elle aura pour effet de rendre à la femme l'exercice de sa capacité civile sans qu'elle ait besoin de recourir à l'autorisation de son mari ou de justice. Conf. projet Camille Sée, art. 9. « La même dispense d'autorisation est accordée à la « femme lorsqu'elle a obtenu la séparation de corps, *J. off.*, 7 mai 1880.

[49] L'art. 1449 du Code civil est modifié ainsi qu'il suit : La femme séparée de corps qui n'a pas recouvré l'exercice de sa capacité civile et la femme séparée de biens seulement, reprennent la libre administration de leurs biens, meubles et immeubles; — elles peuvent disposer de leur mobilier et l'aliéner; — elles ne peuvent aliéner leurs immeubles sans autorisation de leur mari ou de justice; — la femme séparée de corps peut, à son gré, demander à son mari ou demander directement au tribunal, par requête, les autorisations dont elle aurait besoin pour toutes les mesures que ses intérêts peuvent exiger.

[50] Les observations suivantes nous sont en grande partie suggérées par M. G. Bressolles qui a judicieusement relevé les défectuosités du projet sur lesquelles nous allons insister. *Nouv. observ.*, etc., p. 30 et suiv.

ment une capacité moindre, restreinte, s'il y a lieu, par l'effet de clauses de dotalité?

Quoique le silence du texte nouveau puisse porter le doute dans quelques esprits, il est cependant certain que dans la pensée de ses auteurs, ses effets doivent se concilier avec le maintien de l'inaliénabilité dotale. En effet, pour qui tient compte de l'idée dominante du projet, qui est d'épargner à la femme les abus et les excès de l'autorité maritale, la conséquence unique en doit être de dispenser la femme d'avoir à se munir d'aucune autorisation pour le cas où la législation existante lui impose l'obligation d'en requérir une, mais non de la priver, ce qui serait contraire à ses intérêts, des garanties exceptionnelles qu'elle s'est contractuellement réservées [31]. En conséquence, la femme séparée de corps et réintégrée dans la plénitude de sa capacité civile, en recouvre l'entier exercice sous cette réserve qu'elle ne sera admise à passer aucun acte pour lequel une clause de dotalité l'aurait frappée d'incapacité. Solution inattaquable au point de vue purement logique, mais sur laquelle il eût été plus sûr de dissiper par une disposition nette et précise, jusqu'à l'ombre d'une hésitation possible.

En outre, le texte du projet néglige de décider si, la séparation

[31] Ceci résulte d'une comparaison attentive des amendements Naquet, Léon Renault et Pâris avec les termes de la rédaction adoptée. Le premier de ces amendements portait que la séparation de corps aurait pour effet de « supprimer l'autorisation maritale et de faire rentrer la femme dans le « plein exercice de sa capacité civile, à l'égard de ses biens, nonobstant « toutes clauses restrictives du contrat de mariage ». C'était expressément affranchir la femme de toute incapacité dotale. Moins affirmatif, mais quelque peu équivoque, l'amendement Pâris (cité à la note 30), rendait à la femme « le plein exercice de la capacité civile » ; à la rigueur, il pouvait être pris dans le même sens, et tel fut l'avis de M. Naquet qui l'accepta, après le retrait de son propre amendement, comme reproduisant exactement sa pensée personnelle. Cet effet éventuel du texte proposé souleva quelques réclamations (M. Roger-Marvaise, séance du 20 janvier 1887, p. 34 et 35), auxquelles M. Léon Renault répondit (20 janvier 1887, p. 35, col. 1). La question a donc été nettement posée, et c'est sans doute pour la résoudre que le projet se contente de restituer à la femme l'exercice de sa capacité civile. Le vague intentionnel de cette expression laisse assez entendre que l'étendue des droits de la femme séparée de corps soulève une question susceptible d'être diversement tranchée selon les clauses du contrat de mariage.

ayant été cumulativement prononcée contre les deux conjoints, la femme doit encore recouvrer l'exercice de ses droits. Alors, devra-t-on la tenir pour condamnée et la traiter comme telle? Cette manière de voir, déjà acceptée par la jurisprudence en ce qui concerne la révocation des avantages entre époux [52], voudrait qu'en cette hypothèse on rejetât toute détente ou atténuation de l'incapacité ; ou au contraire, faudra-t-il décider qu'en cas de réciprocité de torts, le mari encourt, à raison de sa propre faute, une déchéance d'autorité dont l'effet nécessaire est de procurer à la femme, quelles qu'aient pu être d'ailleurs ses défaillances personnelles, une restitution complète de sa capacité civile? Formellement exprimée par M. Bardoux et soutenue par des raisons que nous apprécierons plus loin, cette solution est d'une nécessité rationnelle si peu impérative que, pour en assurer l'application, peut-être y aurait-il eu quelque prévoyance à l'enchâsser dans un texte formel.

Maintenant, peut-on penser de ce système transactionnel autre chose que des demi-mesures en général? Sous chacun de ses aspects, il prête le flanc aux mêmes critiques que chacun des projets ci-dessus analysés et à quelques autres encore. Empruntée au Code civil italien [53], cette distinction tirée de l'issue du procès nous semble inacceptable au moins pour les conséquences particulières qu'on en voudrait déduire ici, car il va de soi que nous

[52] Paris, 20 août 1862, 62. 2. 443 ; Demolombe, t. IV, n° 530 *bis*.

[53] Code civil italien. Art. 135. L'autorisation du mari n'est pas nécessaire... : al. 2. Si la femme est légalement séparée par la faute du mari. — Art. 136. Si la femme est légalement séparée par sa faute propre, soit par la sienne et celle du mari, soit par mutuel consentement, l'autorisation du tribunal est nécessaire. Le tribunal ne peut accorder cette autorisation, si auparavant le mari n'a pas été entendu ou cité à comparaître en la chambre du conseil, sauf le cas d'urgence. Voy. Huc et Orsier, t. I, 2me édit., p. 187. On remarquera qu'à la différence du projet sénatorial qui laisse à la femme une libre option entre l'autorisation du mari et celle de justice, l'art. 136 de la loi italienne déclare cette dernière nécessaire. Mais ces deux systèmes législatifs concordent en ce que l'un et l'autre imposent aux tribunaux saisis d'une demande d'autorisation, l'obligation de mettre le mari en demeure de donner des explications avant de prendre aucune décision. Rapprocher de l'art. 136 précité les modifications apportées par le projet du Sénat à l'art. 861 du Code de procédure civile (Voy. note 16).

n'entendons nullement attaquer le principe des déchéances virtuellement ou expressément prononcées par le Code civil et certaines lois spéciales contre l'époux condamné[54]. Nous pensons seulement, et en cela nous aurons successivement pour auxiliaires les partisans du système de la commission et ceux de la proposition du Conseil d'État, qu'il est inadmissible de faire varier la position juridique de la femme avec le résultat final de l'instance en séparation de corps. Ce système mixte, mélange hybride de deux propositions diamétralement contradictoires — celle de la commission et celle du Conseil d'État — emprunte à chacune d'elles un élément constitutif et de chacune aussi exige un sacrifice essentiel. Prenons la mesure du degré d'énergie que les auteurs ou adhérents de ces différents projets mettront à défendre l'intégrité de leur œuvre, cela nous permettra d'établir que la distinction adoptée par le Sénat ne peut satisfaire pleinement personne et d'insister en même temps sur ses défauts théoriques et pratiques.

Qu'en pensent d'abord les partisans du projet préparé par la commission? il est particulièrement intéressant de dégager leur sentiment, car il paraît bien que l'auteur de cette transaction, M. Bardoux, partage leurs idées sur le rôle de la puissance maritale. Certainement, ils seront portés à contester que la séparation de corps puisse jamais, le mari eût-il succombé dans l'instance, rendre la femme pleinement capable. Peu leur importe qu'elle ait obtenu gain de cause ; estimant que l'incapacité est une institution nécessaire aussi bien à la femme qu'à la famille, les torts du mari simples ou réciproques ne constitueront jamais une raison suffisante à leurs yeux pour entrainer l'abandon d'une garantie jugée essentielle. Et, si les partisans de l'amendement avancent, ce qu'ils n'ont pas manqué de faire au cours de la dis-

[54] Art. 299, 300 et 1518, C. civ., écrits en vue du divorce, mais étendus à la séparation de corps par une jurisprudence constante. Lois des 11 avril 1831, art. 20, 9 juin 1853, art. 13[3], 14 juillet 1866, art. 1[4]. Voyez aussi la proposition de loi adoptée par le Sénat en 1886, ayant pour objet de modifier les droits de l'époux sur la succession de son conjoint prédécédé. « Le « conjoint survivant qui ne succède pas à la pleine propriété et contre lequel « n'existe pas de jugement de séparation de corps passée en force de chose « jugée, a sur les biens du prédécédé, un droit d'usufruit, etc. »

cussion, que la condamnation enlève au mari tout prestige moral et rend nécessaire sa déchéance de la puissance maritale, déchéance dont la femme est naturellement appelée à profiter, faute d'un autre pouvoir qui puisse substituer son action à celle du mari ou du moins en diriger l'exercice, on répondra du côté de la commission, que cette déduction n'est en rien nécessaire; il peut arriver qu'un mari violent et emporté soit cependant, pour employer l'expression d'Argou, « bon économe »[55]; *a priori*, il serait donc excessif et maladroit de l'exclure de tout contrôle sur les actes juridiques de la femme, d'autant plus, pourrait-on dire, que le mari conserve tout à la fois la jouissance et l'administration légale du patrimoine de ses enfants, lors même que la séparation de corps a été prononcée contre lui [56]. Et d'autant plus, ajoutera la commission, qu'il est possible d'organiser un système, dont son projet contient d'ailleurs l'essai, suffisant pour prévenir tous les abus et assez souple pour permettre au mari de veiller aux intérêts de la femme qui se confondent avec ceux de la famille entière. Ainsi, la première partie du projet ne peut qu'être repoussée par les partisans d'un système reposant sur cette idée que l'incapacité est une institution essentielle au mariage.

D'autre part, il est évident que les promoteurs de l'indépendance juridique de la femme séparée n'accepteront aucune dérogation ni atténuation à leur principe même pour le cas où le jugement de séparation aurait été prononcé en faveur du mari, et il leur sera facile d'opposer un refus péremptoire, car les motifs allégués à l'appui de la concession qui leur est demandée sont aisément critiquables. Non sans doute que le maintien de la femme condamnée sous le régime de la séparation de corps ait été présenté comme une pénalité nouvelle augmentant le nombre des déchéances auxquelles elle est déjà exposée; présentée sous cette forme, la proposition de M. Bardoux eût été trop facilement combattue et écartée. Bien certainement, l'idée de peine doit rester étrangère à cette matière, laquelle ne peut être disposée qu'en vue de la meilleure administration du patrimoine de la femme et ne saurait, sous aucun prétexte, fournir le sujet d'une

[55] Argou, *Institutions au droit français*, t. II, p. 111.

[56] Demolombe, t. IV, n. 510 et 512, p. 588.

disposition pénale. En fait, il n'est que juste de reconnaître que nul n'a voulu imprimer à la distinction proposée un caractère de mesure répressive. L'auteur de l'amendement et ceux qui l'ont adopté ont obéi à cette préoccupation d'ordre tout spécial et très différente : éviter que le plein et entier exercice de ses droits puisse jamais devenir pour la femme une sorte de prime à l'inconduite [57], mais nous doutons qu'ils aient su doter cette idée de la mise en œuvre qui lui convient. Nous objecterons que, prise en elle-même, l'issue de l'instance ne fournit qu'un critérium de sûreté douteuse pour la question qu'on veut résoudre; en fait, il eût été essentiel, mais le rédacteur de l'amendement a négligé ce point, d'avoir égard à la nature des torts qui ont motivé la condamnation. A-t-elle été prononcée, cas fréquent, contre une femme de mœurs irréprochables, mais de caractère difficile, nul doute qu'elle frappe une personne digne sous tous rapports de recevoir la libre gestion de son patrimoine; aussi bien n'est-ce pas elle qu'on veut atteindre; en réalité, on ne désire user de rigueur que contre la femme coupable de graves écarts de conduite; contre celle-là seulement qui serait tentée de demander à la disposition de sa fortune les moyens de subventionner ses désordres. Cependant, faute de cette distinction nécessaire, le projet les atteint sans distinction, et aussi bien contre toute raison que contre la pensée même de ses auteurs, soumet au même traitement deux catégories de femmes dont l'une au moins subit des rigueurs qui en bonne justice devraient lui être épargnées. Et encore, si l'on était sûr d'éviter, au prix de cette injuste généralisation, le scandale redouté d'une femme n'usant de sa pleine capacité que pour tenir une conduite irrégulière et dissipatrice, peut-être pourrait-on absoudre le projet du vice qui vient d'être relevé contre lui. Mais rien n'est plus douteux. Ce serait déjà une question que de savoir si l'art. 1449 ne fournit pas à la femme les ressources suffisantes pour se ruiner elle et les siens et de trop larges facilités pour mener une vie de désordres. Nous l'examinerons plus loin. Dès maintenant nous dirons que dans sa rédaction actuelle et jugé d'après le commentaire qu'il a reçu de son auteur, le système du projet perd une grande partie de son effi-

[57] M. Lucien Brun, Sén. Déb. parl. 1887, p. 36, col. 1.

cacité. Car, s'il pèse comme il vient d'être dit sur des personnes qu'il est superflu de retenir dans les liens d'un régime de rigueur, par contre, il laisse échapper à ses prises toute une classe de personnes qui peuvent inspirer de très sérieux sujets d'inquiétude tant pour leur conduite ultérieure que pour la gestion de leurs biens. En effet, lorsque la séparation aura été conjointement prononcée contre les deux époux, la lettre du texte clairement expliquée par l'auteur de sa rédaction veut que la femme, quoique indigne de la moindre faveur légale, reprenne néanmoins son entière capacité sans restriction ni aucune garantie pour l'avenir [58].

Quant aux raisons de cette confiante indulgente, on les a déduites en termes que nous transcrirons par crainte d'en affaiblir l'expression : « Est-ce que la justice, dit M. Bardoux, n'éta« blit pas tous les jours une différence entre certaines fautes du « mari et les fautes de la femme ? Lorsque les fautes de la femme « sont prouvées et que cependant le tribunal prononce la sépa« tion de corps à la fois contre elle et le mari, est-ce que la justice « n'établit pas par cela même que le mari est bien plus coupable « encore ? Il faut le dire, en effet, la femme est traitée avec plus « de sévérité par la justice, en vertu de considérations de l'ordre « moral que je n'ai ni à justifier ni à expliquer, mais qui exis« tent. Est-ce qu'il ne s'ensuit pas que, lorsque la séparation a « été prononcée contre les deux époux, la femme doit recouvrer « sa capacité civile sans distinction » [59] ?

Ces développements tendent à établir qu'à traitement judiciaire égal des deux conjoints, la femme est censée avoir moins gravement démérité que le mari ; on use à son égard d'une plus grande sévérité pour l'appréciation des griefs qui lui sont reprochés ; aussi prétend-on que condamnée au même titre que son adversaire elle conserve néanmoins sur lui une certaine supériorité morale dont il faut tenir compte ; de ce chef elle doit être considérée comme gagnant en partie son procès et ayant quelque

[58] « Lorsque la séparation est prononcée contre les deux époux, la femme « gagne en partie son procès et elle doit bénéficier de notre amendement. » M. Bardoux, séance du 25 janvier 1887, p. 45, col. 2.

[59] M. Bardoux, Sén. Déb. parl., p. 45, col. 2.

titre au traitement de faveur que le projet propose de lui accorder.

Ce raisonnement n'a d'autre base qu'une présomption de création nouvelle et si contestable qu'un savant auteur n'a pas craint de la qualifier « divinatoire et nullement concluante. » Car, « si elle était fondée, continue M. G. Bressolles, et si elle devait « ainsi établir une inégalité entre les époux, pourquoi n'en est-il « pas de même sur la question de la révocation des avantages « réciproques, en cas de double séparation de corps? Cependant « la doctrine et la jurisprudence sont d'accord pour décider que, « dans ce cas, la révocation est double et la femme n'est pas « plus favorisée que le mari » [60]. Et c'est justice, car quelle serait au fond la raison de cette inégalité de traitement voulue par le projet? A moins de considérer la réciprocité des torts comme une sorte de provocation diminuant les fautes de la femme (le degré de cette atténuation varierait à l'infini avec les nuances de chaque espèce) et lui créant un semblant de titre à une condition meilleure, on cherche en vain d'autres raisons pour établir entre ces deux catégories de femmes séparées de corps, une distinction aussi tranchée que celle du projet. Contentons-nous maintenant d'énoncer ses conséquences, elles sont assez choquantes pour entrainer son rejet.

Comparons la situation respective de deux femmes séparées de corps, l'une condamnée sur la demande du mari, l'autre conjointement avec ce dernier, et toutes deux, ce qui est possible, à raison de fautes identiques. A cette parité des situations devrait, semble-t-il, correspondre l'uniformité des conditions juridiques. Non pourtant. Condamnée seule sur la demande du mari, la femme est maintenue sous le joug de la puissance maritale, sauf quelques modifications destinées à en adoucir le fonctionnement. Condamnée, mais après avoir obtenu gain de cause sur une demande reconventionnelle, elle obtient le crédit d'une pleine capacité que pourra seulement limiter dans l'avenir l'interdiction ou la nomination d'un conseil judiciaire motivée par une prodigalité excessive. Et cette différence apparaît d'autant moins acceptable que l'une et l'autre se présentent en réalité

[60] G. Bressolles, *Nouv. observ.*, p. 32.

sur un seul et même plan; toutes deux portées après la séparation à commettre des fautes de même ordre et à causer des déceptions égales dans l'exercice de leurs droits. Contrairement à toute logique cependant, elles sont loin d'être en butte à la même somme de défiance législative et soumises à des régimes différents et de rigueur très inégale [61].

En résumé, le projet sénatorial pèche par absence de cohérence rigoureuse dans ses dispositions principales. Comme il arrive trop souvent, il a perdu sous le coup d'amendements imprévus et tardifs l'unité que lui avait imprimée la commission chargée de le rédiger. Il repose enfin sur une distinction des plus critiquables et que nous repoussons [62]. Car ou l'incapacité de la femme est de nécessité inéluctable pour la famille et pour elle-même; et, dans cette hypothèse, aucune circonstance ne permet d'en diminuer l'énergie, des mesures propres à en faciliter le fonctionnement étant seules désirables et admissibles; ou au contraire, l'incapacité est dépourvue de ce caractère spécifique; et, s'il est démontré en outre que l'état nouveau créé par la séparation de corps est, quoi qu'on fasse, réfractaire à aucune amélioration sérieuse, alors elle doit disparaître sans tempérament ni distinction d'aucune sorte.

V.

Le rejet du texte adopté par le Sénat restreint notre faculté

[61] On remarquera qu'après avoir emprunté au Code civil italien le principe d'un tempérament légal au profit de la femme qui a obtenu la séparation de corps, le projet du Sénat lui donne une portée très différente. D'après la loi italienne, (conf. art. 136 [1], cité à la note 54), il n'y a pas à rechercher si la séparation est due à la seule faute de la femme ou aux torts réciproques des conjoints; dans les deux cas, l'autorisation de justice est exigée, alors qu'en vertu des déclarations des auteurs du projet français, la femme recouvre la capacité civile dans l'une et l'autre de ces hypothèses.

[62] Aux critiques qui viennent d'être émises, M. Arnault en ajoute une autre qu'il faut prendre en sérieuse considération; à savoir l'extrême et fâcheuse variété de conditions (6 catégories distinctes) que le projet crée pour les femmes séparées de corps, complication presque inutile, si l'on n'a d'autre but que d'atteindre celles qui ont été condamnées pour inconduite, leur proportion n'ayant pas dépassé 3 0/0 en 1883 et 5 0/0 en 1885.

d'option à ces deux thèses absolues : maintien ou suppression de l'incapacité pour la femme séparée de corps. Nous avons écarté la première et en principe accepté la seconde, sauf à substituer aux motifs mis en avant par le rapporteur du Conseil d'Etat, d'autres raisons qui nous paraissent plus décisives. Les voici : d'abord, l'indépendance juridique de la femme dans le mariage n'est pas, autant qu'on pourrait croire, une innovation sans précédents historiques ; elle s'est déjà réalisée dans notre ancien droit, sous une forme un peu différente, il est vrai, de celle que nous voudrions lui donner, mais voisine quant à ses résultats pratiques ; elle a laissé quelques traces qu'il est facile de relever ; enfin, dans certaines régions de la France, elle a subi l'épreuve d'une longue expérience.

Il fut d'abord admis dans les pays coutumiers que la femme séparée de biens et, par voie de conséquence, la femme séparée de corps échappent à toute dépendance purement juridique à l'égard du mari. Les art. 224 et 234 de la *Coutume* de Paris disposant le premier que la : « femme ne peut ester en jugement sans le consentement de son mari si elle n'est autorisée ou *séparée en justice* », le second que la « femme mariée ne se peut obliger sans le consentement de son mari, si elle n'est séparée *par effet* » furent originairement entendus en ce sens que la séparation de biens principale ou accessoire restitue à la femme l'exercice de sa capacité civile. « Par conséquent, si elle est séparée par effet, il « est vrai de dire qu'elle pourra s'obliger et ester en jugement « tant pour ses immeubles que pour ses meubles. Et c'est ainsi, « rapporte Laurière, qu'on a entendu cette coutume avant la « réformation [63]. » Dumoulin confirme expressément cette première interprétation dans ses notes sur les art. 170 et 232 de la Coutume du Bourbonnais : « Facta separatione, écrit-il, mulier « non est amplius in potestate mariti [64]. » Mais la tradition coutumière ne tarda pas à se fixer en sens opposé ; moins hardi que Dumoulin, Loysel exige l'autorisation de justice [65], et Laurière

[63] Laurière, note sur l'art. 234 de la Cout. de Paris, t. II, p. 221, édit. 1777.

[64] Dumoulin, *Notes sur les coutumes*, t. II, p. 742 et 743, édit. 1681.

[65] Loysel, *Institutes coutumières*, max. 24, livre 1er, titre 2, t. I, p. 160. Édit. Dupin et Laboulaye.

résumant les résultats d'une jurisprudence datant de 1623, constante à son époque, nous dit : « On tient aujourd'hui pour « maxime que la séparation n'opère précisément que ce que « l'émancipation produit à l'égard des mineurs qui ne les auto- « rise que pour la libre administration de leurs revenus[66] » et ailleurs : « Elle (la femme séparée de biens) devient semblable « aux mineurs émancipés qui ont l'administration de leurs biens, « mais sans pouvoir vendre, engager, ni aliéner leurs immeu- « bles pendant leur minorité[67]. » Toutefois on n'alla jamais jusqu'à rompre absolument avec cette ancienne règle que la femme séparée peut agir en justice sans autorisation du mari[68]. Bien plus, quelques coutumes dont Pothier cite les dispositions résistèrent résolument à ce mouvement de réaction et maintinrent le système primitif dans son intégrité originaire[69]. Si extensives qu'elles soient de la capacité de la femme séparée, aucune de ces interprétations ou dispositions de coutumes ne correspond directement, ce point est d'évidence, à l'objet précis et exclusif du présent projet qui est de protéger la femme contre les abus de l'autorité maritale en cas de séparation de corps; nous avons tenu cependant à les rappeler parce qu'elles ont au moins pour notre thèse l'avantage d'établir qu'on peut considérer la subordination de la femme au mari comme un principe essentiel du mariage, (telle était bien certainement la pensée de Dumoulin autant que l'esprit des coutumes précitées), et admettre sans contradiction aucune que la rigueur de cette dépendance doit fléchir en certaines circonstances déterminées dont la séparation de biens et à plus forte raison la séparation de corps.

[66] Note sur la max. 24 de Loysel, *loc. cit.*

[67] Sur l'art. 224 de la Cout. de Paris, t. II, p. 198 et Pothier, *Puissance du mari*, n. 15.

[68] D'après Ferrière, au cas de séparation de corps et de biens, la femme peut valablement ester en jugement sans autorisation du mari (*Corps et compilation de tous les commentaires sur la* Cout. de Paris, sur l'art. 224, glose 2, n. 1, 2 et 30, t. II, p. 521) ; cette affirmation repose sur le texte formel de la coutume et constate la doctrine généralement suivie dans les pays coutumiers. Voy. Pothier, *Puissance du mari*, n. 61.

[69] Cout. de Montargis, art. 6, ch. 8 et de Dunois, art. 58. *Add.* Cout. de Sedan, art. 97, Bourdot de Richebourg, t. II, p. 835.

Quant aux pays de droit écrit, on sait que la jurisprudence de leurs parlements, sauf celle du parlement de Paris pour les pays de droit écrit ressortissant à sa juridiction, s'est constamment inspirée de cette règle dont la fréquence des constitutions de dot de biens présents et à venir réduisait, il est vrai, la portée pratique, que « l'autorisation du mari est hors d'œuvre à l'égard des biens paraphernaux », ce qui permettait à la femme, indépendamment de toute séparation judiciaire, de disposer librement des biens de cette catégorie [70].

En 1804, la condition juridique de la femme séparée de biens ou propriétaire de paraphernaux variait donc suivant les régions; ici, dominée par une autorité maritale durant autant que le mariage; là, munie d'un reste d'indépendance qui allait bientôt lui être enlevée; car, pour établir l'unité législative du pays, force était d'opter entre ces deux systèmes; et, lors de la confection du Code civil, on se prononça pour la prédominance des règles coutumières telles qu'elles avaient été décrites par Lebrun et Pothier, sur les errements des pays de droit écrit et des coutumes dissidentes. L'idée des auteurs de la législation nouvelle était de donner à la puissance maritale une généralité et une inflexibilité telles qu'elle ne pût être entamée par aucune circonstance survenue au cours du mariage, ni à la faveur d'aucune clause des conventions matrimoniales. Ont-ils réussi dans cette œuvre et surtout sont-ils parvenus à allier d'une manière satisfaisante le respect dû à l'autorité maritale avec l'exercice des pouvoirs d'administration conférés à la femme par l'art. 1449? De cet essai de conciliation entre deux principes rivaux est sorti un système législatif mal construit et trop défectueux pour être plus longtemps maintenu. A notre avis, la seule solution acceptable serait d'émanciper la femme séparée de corps de toute incapacité quant aux biens. Mais essayons d'abord, cela pour répondre au reproche de bouleverser par une innovation irréfléchie l'économie de la loi actuelle, de montrer que celle-ci peut sans trop de peine se l'assimiler; après quoi, nous insisterons sur ceux des défauts du régime de la séparation de biens qui nous paraissent rendre une réforme désirable.

[70] Argou, *Institutions au droit français*, t. II, p. 95 et 96.

1° Quelque soin qu'ait pris le législateur de 1804 de briser par des dispositions précises (art. 223, 1538, 1576) avec des traditions d'indépendance que, suivant le tribun Duveyrier, « l'intérêt de la femme repousse, que la nature dément et que la loi française refuse » [71], il n'est pas sans avoir laissé passer dans son œuvre un certain nombre de décisions aussi contraires à cette déclaration de principes que compromettantes pour l'unité de la puissance maritale.

En regard des textes imprimant à l'incapacité de la femme l'énergie fixe et constante d'une règle « inflexible autant qu'universelle » [72], mise au-dessus de toute renonciation du mari formelle ou tacite (223, 1388, 1538), on en peut placer d'autres non moins expressifs, nous montrant cette même incapacité munie d'une certaine plasticité, grâce à laquelle elle s'affaiblit au degré voulu pour pouvoir s'adapter à quelques situations déterminées.

C'est ainsi qu'en dépit de l'art. 223 prohibitif de toute autorisation générale impliquant pour un laps de temps fixe ou indéterminé abdication de l'autorité maritale (prohibition dont l'article 1538 renouvelle et accentue la force), la femme habilitée une fois pour toutes à faire le commerce jouit d'une telle liberté d'action que « l'état de marchande publique, sous certains rapports, « la soustrait à la puissance maritale » [73]. En qualité de commerçante, elle peut disposer seule de ses biens mobiliers et immobiliers (art. 7-1°, C. com.) et même faire rejaillir l'effet de ses obligations sur le mari dont les biens ne forment qu'une seule et même masse avec ceux de la communauté, tant que ce régime développe normalement ses effets (art. 5, C. com. et 220, C. civ.) [74]. « Ainsi, dit M. Laurent, ce que le législateur défend de « faire par contrat de mariage, il le permet dans l'intérêt du « commerce ; autoriser la femme par contrat de mariage à aliéner « ses immeubles, ce serait abdiquer la puissance maritale ; l'au- « toriser à les aliéner comme marchande publique, ce n'est pas

[71] Rapport au Tribunat, Locré, t. XIII, p. 297 et 303.

[72] Duvergier, *loc. cit.*

[73] Demante, t. I. n. 302, p. 466.

[74] Dispositions spéciales au régime de communauté. Lyon-Caen et Renault, t. I, p. 96 et suiv.

« l'abdiquer. Ce n'est plus là un principe, c'est l'absence de tout « principe [75]. »

D'autre part, ceci est pour notre thèse d'un intérêt capital, l'art. 1449 uniformément applicable aux deux séparations de biens conventionnelle ou judiciaire, a dès maintenant pour résultat de restituer à la femme une notable part de sa capacité. Mais, ceci a besoin d'être démontré, la plupart des auteurs contestant que le régime établi par le texte précité fasse grief en quoi que ce soit à la puissance maritale. Voici la formule du raisonnement classique : ce n'est pas, dit-on, en qualité de maître ou de chef légal de l'association conjugale que le mari gère les biens de sa femme; mais, ce qui est fort différent, en vertu d'un mandat exprès ou tacite qu'elle lui a volontairement confié, car la lettre du Code civil (art. 223, 1536, 1576) l'admet à se réserver personnellement l'administration de son patrimoine; donc, suivant une fine remarque, ce n'est pas la capacité d'administrer qui lui manque, mais (sous la plupart des régimes) la chose à administrer [76]. Et si, par hypothèse, elle s'est volontairement dessaisie, par une clause de ses conventions matrimoniales, de pouvoirs qu'elle aurait pu légalement conserver, rationnellement, elle doit pouvoir les recouvrer par l'effet d'une séparation de biens principale ou accessoire sans qu'il en résulte au fond aucun démembrement de la puissance maritale.

Théoriquement, ce raisonnement est d'une élégance impeccable; et ce n'est que par une flagrante inexactitude théorique que M. Laurent a présenté l'art. 1449 comme une grave dérogation à l'autorité du mari [77]. Mais, que vaut-il par rapport à la réalité des faits? Sous ce point de vue, le même auteur mieux inspiré exprime ailleurs un avis qui vaut d'être cité : « Le Code « Napoléon, dit-il, est illogique..... il déclare la femme incapable « de tout acte juridique à raison de l'obéissance qu'elle doit au « mari, puis il permet de déroger à cette obéissance pour les « actes d'administration et la disposition du mobilier. Est-ce « qu'il y a par hasard une fraction d'obéissance, un quart ou un

[75] Laurent, avant-projet, etc., t. I, p. 455.

[76] Gide, *op. cit.*, p. 429.

[77] Laurent, t. 22, p. 301.

« tiers de puissance maritale [78]? » Non certes, l'autorité du mari est, de son essence, indivisible; elle ne saurait être touchée dans l'une de ses prérogatives sans être ébranlée jusque dans son principe.

Or, tel paraît bien être pratiquement l'effet dernier des dispositions de l'art. 1449. Quelque peine minutieuse que les auteurs se soient donnée pour cataloguer les actes permis ou interdits à la femme séparée de biens; jusqu'ici il n'apparaît pas que leur casuistique si fertile en ressources ait découvert une règle de classification assez sûre pour limiter l'activité de la femme à l'objet précis que lui assigne l'art. 1449 et préserver ainsi l'autorité maritale de toute atteinte ou empiètement de fait. Très fréquemment, la femme séparée de biens sera placée dans la nécessité de s'obliger ou d'aliéner quelques valeurs mobilières; et, toutes les fois qu'elle y aura cédé, la validité de ses actes dépendra de l'appréciation arbitraire du juge, soit qu'il use de ses pouvoirs pour se faire de l'administration qualifiée libre par l'art. 1449 une idée si étroite qu'elle confisque à peu près à la femme toute initiative personnelle, soit au contraire qu'il s'en crée une idée si compréhensive qu'elle puisse servir de passe-port à des actes qui eussent exigé, pour satisfaire aux prescriptions de l'art. 217 l'intervention du mari ou celle de justice [79]. Par où l'on voit que l'exercice des pouvoirs d'administration que la femme tient de l'art. 1449 peut lui permettre de battre en brèche sous plus d'un rapport essentiel la règle en apparence inflexible de l'art. 217; ce qui a permis de dire, avec raison selon nous, que « le droit « d'administrer contient la négation plus ou moins complète au « gré des tribunaux de l'incapacité de la femme mariée [80]. »

En résumé la condition juridique de la femme loin d'être toujours identique à elle-même comme le voudraient les art. 215 et suivants, varie au contraire et grandement pendant le mariage;

[78] Laurent, avant-projet, t. Ier, p. 455.

[79] Cass. 21 août 1839, 39. 1. 663 et 25 avril 1882, 83. 1. 221. Ces arrêts reconnaissent au juge du fond le pouvoir souverain d'apprécier suivant les circonstances (nature, objet et importance de l'acte) la validité de l'obligation contractée par la femme séparée de biens.

[80] Acollas, *Manuel de droit civil*, t. I, p 227, note 1.

pour la femme commerçante, un affranchissement quasi complet de la puissance maritale dans la sphère infinie des intérêts commerciaux; pour la femme séparée de biens, une semi-indépendance théorique que le juge peut, suivant le sens dans lequel il exerce son appréciation, transformer en une indépendance de fait. En présence de ces dispositions légales et de leurs résultats, la réforme du régime de la séparation de biens en un sens nettement libéral serait beaucoup moins l'introduction d'un principe absolument nouveau dans notre droit civil que la consécration de solutions qu'il contient en germe et la régularisation de certaines tendances de la jurisprudence.

2° Cette réforme est d'autant plus urgente que les vices de la loi corrigés en partie seulement, quand ils le sont, par la jurisprudence, prennent spécialement en cas de séparation de corps (nous verrons plus loin si la séparation de biens principale doit continuer d'être régie par l'art. 1449) une intensité vraiment intolérable et appellent un énergique remède dont nous emprunterions volontiers le principe au droit commercial.

Pour la femme commerçante de même que pour la femme séparée de biens, nous croyons avoir montré que la puissance maritale subit, quoi qu'en disent les textes, un amoindrissement certain, tantôt de droit, tantôt de fait, mais, avec quel écart d'avantages pratiques. Alors que la femme commerçante trouve dans ses pouvoirs le moyen d'accomplir, avec une sécurité absolue pour elle et pour les tiers, la mission qui lui est dévolue, tout au contraire, la femme séparée de biens est privée de cet avantage essentiel.

La raison de ce contraste est que les auteurs de la loi commerciale se sont sagement abstenus de poursuivre la conciliation des contraires et n'ont pas tenté de maintenir de front la puissance maritale et l'initiative individuelle de la femme; sans restriction, ils l'ont reconnue apte à passer seule tout acte juridique nécessaire à son négoce; pratiquement, ils l'ont dotée d'une faculté d'action assez nettement caractérisée pour lui permettre d'agir personnellement. Considérant les choses d'un point de vue tout opposé, les rédacteurs du Code civil n'ont réussi à créer pour la femme séparée de biens qu'un régime mal défini dont les nombreuses équivoques entravent son action personnelle par les pièges qu'elles tendent à la bonne foi des tiers et le soupçon d'irrégularité qu'elles font peser sur certains des actes les plus nécessaires à l'administration de son patrimoine.

Pour éviter toute exagération, reconnaissons cependant qu'il existe un certain fond de vérité dans cette diversité de vues. Théoriquement, la mesure de la capacité reconnue à la femme ne saurait être la même dans les deux cas : *a priori*, le commerce exige une plus grande liberté d'action que les affaires civiles; l'autorisation de faire le commerce implique une présomption sinon une preuve préalable d'aptitude et d'expérience qui n'est aucunement exigée de la femme séparée de biens pour lui confier l'administration de sa fortune; enfin, raison capitale, la femme commerçante agit avec le consentement du mari, la femme séparée, en vertu d'une décision de justice obtenue contre lui; dans ce dernier cas, aucun abandon de la puissance maritale, ce qui explique que le législateur mû par le désir de la conserver dans la mesure du possible, ait conçu le projet de la maintenir concurremment avec la demi-indépendance attachée à la séparation de biens. En raison, la distinction est donc fondée; et nous contestons seulement la valeur de sa réalisation juridique. La formule de l'art. 1449 imprime à l'action de la femme une direction flottante, elle l'enferme dans un domaine de contours trop vagues pour qu'elle puisse s'y mouvoir à l'aise et sans risques pour les tiers. Au fond, ce qui manque au droit civil, c'est cette exacte adaptation des moyens à la fin si parfaitement réalisée par le Code de commerce; une rapide esquisse de l'insuffisance de la jurisprudence et de la doctrine des auteurs sur les principaux aspects de ce difficile sujet mettra ce point en pleine lumière. Par là sera démontrée la nécessité de communiquer à la loi civile quelque chose de la simplicité du droit commercial [81].

[81] Notre thèse étant que la femme séparée de corps doit être affranchie de la puissance maritale, on nous reprochera peut-être de demander au droit commercial plus qu'il ne peut nous donner, car il est hors de doute qu'il laisse subsister l'incapacité de la femme commerçante pour tout ce qui est étranger à son négoce. L'objection ne nous parait pas fondée ; car dans notre système, toutes deux ne jouiront que d'une demi-capacité. En effet, de même qu'aujourd'hui la femme commerçante fait régulièrement, mais exclusivement,

En effet, sauf pour les actes d'administration courante tels que baux d'une durée inférieure à neuf années, perceptions et emplois de revenus, réceptions de capitaux, etc., à l'égard desquels aucune difficulté sérieuse ne saurait être élevée[82]; réserve faite de certains actes excédant manifestement les pouvoirs de la femme séparée (art. 776-1°, 905-2°, 1449-3°, achat à crédit de meubles ou d'immeubles[83], exercice d'actions en justice, transactions relatives à des droits immobiliers, compromis, etc.); rien de fixe ni de précis dans l'exercice de ses attributions, les limites et la notion même de ses pouvoirs donnant prise à trop d'interprétations variées pour tracer à son activité un cercle d'action nettement circonscrit.

Nulle part, les inconvénients de cette incertitude légale ne sont plus frappants qu'à l'égard des aliénations de meubles et en matière de contrats. Car, si la faculté de contracter est, telle qu'on l'a considérée dans notre ancien droit[84] et sous l'empire du Code civil, afin de lutter contre l'antinomie des art. 217 et 1449, une dépendance étroite de l'administration, il en résulte qu'à l'exception des obligations portant l'estampille patente et indéniable de leur but, comme celles ayant pour objet la conservation, l'amélioration, l'exploitation d'un bien, etc., ou celles déterminées par les besoins de la vie journalière; nulle autre fût-elle, au fond

tout acte de commerce; de même, nous proposons d'accorder à la femme séparée de corps la faculté d'accomplir tout acte de caractère civil et d'intérêt pécuniaire. Mais ceci admis, certaines limites pourraient continuer de restreindre son indépendance comme d'autres restreignent actuellement celle de la femme commerçante. Exemple : pourrait-elle faire le commerce sans autorisation du mari ou de justice? louer ses services sans aucun contrôle? Questions dont la solution dépend de l'étendue qu'il conviendra de laisser au pouvoir du mari ou de la justice quant à la direction de la personne.

[82] Aubry et Rau, t. V, § 516, p. 403, 404. Guillouard, *Contrat de mariage*, t. III, p. 124, 129. M. Pâris est donc tombé dans une exagération évidente en affirmant que le refus systématique de l'autorité maritale peut empêcher la femme séparée de corps de toucher ses loyers ou autres revenus à elle dus. Séance, 20 janvier 1887, p. 33, col. 3.

[83] Demolombe, t. IV, n. 157. Colmet de Santerre, t. VI, 101 *bis* II. Guillouard, t. III, n. 1194.

[84] Pothier, *Puissance du mari*, n. 15. Bourjon, *Droit commun de la France*, 4me partie, sect. IV, § 18.

motivée par un besoin de même ordre, n'échappe aux prises d'un soupçon d'irrégularité, partant à la menace d'une annulation ultérieure.

Ce doute s'applique d'abord aux opérations placées sur les confins assez vagues des actes d'administration et de disposition, parmi lesquelles il faut citer l'acquisition au comptant de meubles ou immeubles [85], le placement de capitaux à rente viagère [86], la conversion de titres nominatifs en titres au porteur, etc. [87], à plus forte raison, concerne-t-elle les contrats susceptibles d'appartenir à l'une ou l'autre de ces catégories, et, en cette qualité, exposés à revêtir tel ou tel caractère juridique suivant le but réel auquel ils tendent et les circonstances qui les motivent. Ainsi lorsqu'une femme achète un objet quelconque mobilier ou immobilier, suivant l'opinion la plus favorable, cette acquisition ne peut valoir que comme acte d'administration ou de placement, donc seulement si, au moment du marché, la femme disposait effectivement des fonds constitutifs du prix; de même, si elle s'engage par voie d'emprunt ou pour toute autre cause, la condition de la validité de son obligation sera qu'elle ait bien pour objet de pourvoir à ce qu'on est convenu d'appeler une nécessité d'administration [88]. Mais, comment en aurait-on jamais l'assurance certaine au moment de la formation du contrat? D'abord, il faudrait savoir si le service en vue duquel il a été passé ou le motif qui l'a déterminé est ou non compris dans le cadre des nécessités de l'administration [89]; mais d'abord il y a de grandes incertitudes

[85] Validité : Demolombe, t. IV, n. 157 ; Aubry et Rau, t. V, § 516, p. 404 ; Colmet de Santerre, t. VI, n. 101 *bis* II ; Laurent, t. XXII, n. 297. Nullité : Guillouard, t. III, n. 1194. Agen, 9 novembre 1881, 82. 2. 233 ; Lyon, 7 février 1883, D. P. 85. 2. 74 ; Cass. 2 décembre 1885, 86. 1. 97.

[86] Validité : Aubry et Rau, t. V, § 516, n. 59, p. 404 ; Laurent, t. XXII ; n. 298 ; Trib. de la Seine, 3 février 1869, D. P. 71. 3. 100. Nullité : Demolombe, t. IV, n. 158 ; Guillouard, t. III, n. 1196.

[87] Validité : Guillouard, t. III, n. 197 ; Laurent, t. XXII, n. 304 ; Buchère *Valeurs mobilières*, n. 438 ; Cass. 15 juin 1876, 76. 1. 344. Nullité : Lyon-Caen, note sous Paris, 12 juillet 1869, 69. 2. 321.

[88] Demolombe, t. IV, n. 161. Aubry et Rau, t. V, § 516, n. 77, p. 408. Rodière et Pont, t. III, n. 2193. Laurent, t. XXII, n. 310. Colmet de Santerre, t. VI, n. 101 *bis*, X.

[89] Paris, 1er juin 1824. S. Chr. Poitiers, 3 février 1858, 58. 2. 620.

sur leur définition et, spécialement s'il s'agit d'un emprunt, le tiers-prêteur eût-il la preuve irréfragable que ses capitaux ne doivent être affectés à aucune dépense manifestement frivole ou improductive, ne sera jamais absolument garanti contre tout risque de nullité s'il peut être ultérieurement démontré que cet emprunt a franchi, par son importance relative ou à raison de quelque autre circonstance de fait, les limites d'une sage gestion [90].

Encore, si ces obligations étaient, ne fût-ce que pour contrebalancer leurs chances de nullité, couvertes d'une présomption de validité ; au moins, le créancier échapperait-il, s'il est contraint d'exercer des poursuites, au fardeau d'une preuve qu'il lui sera toujours difficile, sinon impossible de fournir. Mais, aggravation nouvelle : « Comme la femme séparée est en principe in« capable de s'obliger, ceux qui prétendent faire exécuter l'obli« gation devront démontrer que leur débitrice était en contractant « dans le cas exceptionnel où elle a la capacité [91]. »

La perspective de ces risques multiples à peine atténués en cas d'annulation par l'application de l'art. 1312 ne peut que détourner les tiers de traiter avec la femme seule ; elle les pousse au contraire, à subordonner leur crédit et par suite la conclusion du contrat à une autorisation du mari ou de justice leur donnant toute sécurité pour l'avenir [92]. Sans rien dissimuler de ces conséquences, M. Colmet de Santerre y voit l'avantage de contrain-

[90] Montpellier, 18 juin 1830, 31. 1. 104. Caen, 6 mars 1844, D. P. 1845, 2, 210. Paris, 27 novembre 1857, D. P. 57. 2. 209.

[91] Colmet de Santerre, t. VI, 101 *bis*, X. Qu'on nous permette de critiquer cette déduction : au même titre que la femme séparée de biens dont les pouvoirs sont limités à l'administration du patrimoine, la femme commerçante, elle aussi, n'est investie que d'une demi capacité étroitement restreinte à ce qui concerne son négoce ; néanmoins ses actes juridiques sont présumés relatifs à cet objet, donc réputés valables jusqu'à preuve contraire mise à la charge de celui qui veut les attaquer (Lyon-Caen et Renault, t. I, n. 191, p. 95). Ne serait-il pas logique de tenir compte de cette parité des deux situations pour les traiter de façon identique, et en même temps plus pratique de préférer aux complications du droit civil la simplicité de la régle commerciale ?

[92] Cass. 12 mars 1844, 45. 1. 47.

dre la femme à « se faire autoriser toutes les fois qu'un doute « est possible sur l'opération qu'elle veut faire [93]. » Nous l'accordons pour la femme séparée de biens à laquelle il est relativement facile d'obtenir l'autorisation maritale et presque toujours sans aucune des difficultés inhérentes à la séparation de corps, dès qu'un seul doute s'élève sur la régularité de son action personnelle ; mais, à l'égard de la femme séparée de corps, cet état de choses apparaît comme un vice saillant du régime actuel, et, pour tout dire, une sorte d'incohérence législative. Car, quel est en cette matière le trait dominant de notre législation? D'investir la femme séparée de pouvoirs plus étendus, ce qui doit être, que ceux d'un administrateur de la fortune d'autrui et même plus larges, ceci est une conséquence de sa maturité d'esprit, que ceux d'un mineur émancipé. Dans la pensée du législateur, la femme est donc présumée, au moins lorsqu'elle est majeure, douée d'aptitudes suffisantes pour agir personnellement dans une sphère relativement étendue. Cette donnée admise, logiquement, il fallait organiser une action vraiment personnelle de la femme et pour faire une réalité vivante de cette libre administration qui lui est confiée, savoir établir une ligne de démarcation précise entre les actes qui lui sont permis et ceux qui lui sont interdits ; or, tout au contraire, on l'a parquée dans le domaine des actes dits d'administration *stricto sensu*, domaine si vague et si mal défini qu'elle doit souvent, même lorsqu'elle se maintient en fait dans les limites de ses attributions, solliciter par mesure de précaution l'autorisation du mari ou de justice. De toute cette confusion le résultat le plus appréciable est de rapprocher sensiblement la condition de la femme de celle du mineur émancipé ; comme lui, en effet, elle est réduite à invoquer le secours d'une assistance étrangère pour un grand nombre d'actes, non des moins usuels ; ainsi va s'effaçant la différence notable que la rédaction intentionnellement nuancée des art. 482 et 1449 a eu pour objet de mettre entre ces deux personnes. Était-il expédient de multiplier les cas où la femme doit en référer au mari pour se faire habiliter? Cela paraît d'autant plus choquant que si la séparation de biens est l'accessoire de la séparation de corps, une des meil-

[93] Colmet de Santerre. *loc. cit.*

leures raisons qu'on ait pu donner de cette décision légale est qu'une certaine indépendance juridique est nécessaire à la femme pour corriger l'influence pernicieuse de la désunion des conjoints sur l'exercice de la puissance maritale [94]; et pour diminuer la portée de cette inconséquence, en vain alléguerait-on qu'après tout, elle ne se fera sentir qu'à l'égard de quelques actes ambigus pour lesquels la rapidité d'action n'est pas d'ailleurs une condition essentielle; il serait trop facile de répondre qu'elle n'aura pas seulement pour effet de faire souffrir la femme de lenteurs d'autorisation mais ce qui est plus grave, de l'exposer à des risques d'extorsion ou de marchandage, etc., dont il est impolitique d'augmenter le danger par de trop lourdes exigences.

Aux inconvénients de ce système législatif, nous ne voyons qu'un remède : reconnaître à la femme séparée de corps l'entière capacité de s'obliger et de contracter [95]. Une interprétation même systématiquement extensive de la formule de l'art. 1449 ne serait qu'un palliatif insuffisant. Fût-elle, ce dont on ne saurait répondre, constamment suivie, elle resterait toujours sujette à varier soit d'après les circonstances de chaque espèce, soit avec l'appréciation du juge; elle laisserait subsister les effets essentiels de l'incapacité dont le maintien pourrait toujours servir d'argument aux solutions les plus restrictives. Enfin, elle serait impuissante à procurer cette clarté et cette fixité indispensables à la condition des personnes.

[94] Rodière et Pont, t. III, n. 2191.

[95] On remarquera que les mêmes auteurs (Voy. la note 104) qui, dans l'intérêt des tiers acquéreurs, déclarent la femme pleinement capable d'aliéner son mobilier n'admettent pas que ce même intérêt emporte pour elle capacité de s'obliger. Voici l'explication de M. Laurent : « Le nombre d'actes « d'administration est très limité, il est donc facile aux tiers de savoir si « la femme qui traite avec eux administre et s'oblige pour son administra« tion; tandis que l'aliénation du mobilier n'a aucun rapport direct avec « l'administration des biens; il serait donc impossible aux tiers de savoir « si la femme qui aliène fait ou ne fait pas un acte d'administration. » (t. XXII, n. 310, p. 323). Nous répondrons qu'il n'est pas toujours aussi simple que l'affirme le savant auteur de discerner le but réel et le vrai caractère d'une obligation; à ce sujet, des doutes peuvent surgir au moins égaux dans certains cas à ceux que peut soulever une aliénation.

VI.

A supposer que la femme fût reconnue capable de contracter, il lui faudrait encore plusieurs choses pour obtenir une pleine reconstitution de sa capacité civile : 1° Recouvrer la faculté d'aliéner ses immeubles que lui refusent avec une insistance marquée un certain nombre de textes (1409-3°, 1538, 1576-2°); 2° Etre dégagée des liens de doctrine et de jurisprudence qui restreignent encore sa faculté de disposer d'objets mobiliers ; 3° Etre déclarée apte à ester en justice.

Donc il s'agirait d'abord de constituer sous le rapport d'une entière faculté d'aliénation, un régime commun aux meubles et aux immeubles. Mais, cette assimilation n'est pas la seule qui puisse se concevoir ni même la seule qui soit proposée; elle a sa rivale qui créerait l'unité de condition de ces deux catégories de biens par des moyens tout différents; celle-là respecterait cette doctrine que la femme ne peut disposer de ses meubles que dans un but d'administration, et en outre munirait certaines valeurs mobilières de garanties propres à assurer leur conservation dans le patrimoine de la femme; à plus forte raison, la laisserait-elle incapable d'aliéner ses immeubles.

Ainsi, les dispositions du Code civil sont attaquées de deux côtés opposés; et, en quelque sens qu'il doive s'opérer, un travail d'unification semble avoir de sérieuses chances de succès, tant il est de nature à séduire ceux qui désirent harmoniser notre législation avec l'état économique de la société moderne.

Comme d'autres dispositions du Code civil, la distinction de l'art. 1449 entre les meubles et les immeubles est le reflet du vieil adage « *vilis mobilium possessio* », fondé sur une prétendue supériorité de la richesse immobilière que contredit le développement contemporain et continu de la fortune mobilière; préjugé d'autant plus perfide que les rédacteurs du Code civil emportés par le courant législatif du droit intermédiaire n'ont conservé que nominalement la classification traditionnelle des meubles et des immeubles, et lui ont au fond donné une portée toute nouvelle par l'annexion à la catégorie des meubles d'un certain nombre de biens classés autrefois comme immeubles ou même à peu près inconnus de l'ancienne jurisprudence (rentes foncières ou constituées; rentes sur l'État; actions industrielles; droit de propriété littéraire ou artistique, etc.) et d'une valeur économique au moins égale à celle de la moyenne des biens immobiliers. Faute d'avoir su, ce qui était à la rigueur possible dès 1804 [96], discerner les éléments les plus précieux de la fortune publique pour les englober en une même masse et leur donner une réglementation également protectrice, les auteurs du Code civil ont concentré presque exclusivement sur les immeubles les garanties légales de conservation, négligeant avec une imprévoyance toute nouvelle de prendre les mêmes mesures à l'égard des biens mobiliers les plus importants parmi lesquels les valeurs industrielles qui, elles aussi, (n'était-ce pas un titre à la sollicitude législative?) reposent sur un fonds de richesses territoriales [97].

Avec le temps, le vice de cette classification s'est aggravé au point d'avoir le retentissement le plus fâcheux sur l'administration de la fortune des incapables. Quant à l'élément mobilier, la disposition en a été abandonnée presque sans aucune restriction à l'administrateur de la fortune d'autrui, tuteur, père administrateur légal [98] et mari, au moins sous le régime dotal [99]. A l'inverse, l'aliénation des immeubles a été entourée de puissantes

[96] Treilhard constatait déjà l'accroissement de la fortune mobilère (Fenet, t. XI, p. 34). Très peu d'années après la rédaction du Code civil, des textes spéciaux (décrets des 16 janvier et 16 mars 1808 autorisant l'immobilisation des actions de la Banque de France et des canaux d'Orléans et du Loing) vinrent parer pour certaines valeurs aux insuffisances de la législation nouvelle.

[97] Voy. Rossi, *Rev. de lég. et de jur.*, t. XI, p. 5.

[98] Avant la loi du 27 février 1880, étrangère d'ailleurs à l'administration du père, la jurisprudence reconnaissait au tuteur le pouvoir d'aliéner les meubles incorporels du pupille, sauf les restrictions résultant de la loi du 24 mars 1806 et du décret du 25 septembre 1813. (Cass. 2 février 1873, 73. 1. 61, et 4 août 1873, 73. 1. 441).

[99] Sous le régime dotal, le mari a la libre disposition des meubles dotaux (Cass. 1er août 1866, 66. 1. 368. Aubry et Rau, t. V, § 537 *bis*, p. 600). Mais il en est autrement sous les régimes de communauté légale ou sans communauté pour les meubles propres de la femme (Cass. 4 août 1862, 62. 1. 935, et 17 décembre 1872, 72. 1. 421).

garanties ; soumise pour la femme, sous quelque régime matrimonial qu'elle soit placée, à son consentement exprès : grevée pour le mineur d'une surcharge peut-être excessive de formalités onéreuses. Pour ce qui est de la capacité de la femme dotale ou de celle séparée de biens, soit commune, soit dotale, le système du Code civil aurait eu pour résultat, s'il n'eût été corrigé par l'initiative hardie, sinon toujours heureuse, de la jurisprudence [100], de faire varier son étendue, non, ce qui eût été rationnel, avec le degré de ses aptitudes pour les affaires, mais, ce qui est vraiment inadmissible, avec la plus ou moins forte proportion de meubles ou d'immeubles dont le hasard l'a rendue propriétaire. Maintes fois signalée, cette imperfection de la loi civile, atténuée dans ce qu'elle a de plus choquant par la jurisprudence, doit perdre les effets qui jusqu'ici n'ont pu lui être enlevés ; spécialement, il faut effacer la distinction mise par l'art. 1449 entre les meubles et les immeubles. Mais par quel moyen ? Encore une fois, celui que nous venons d'indiquer n'est pas le seul qui soit proposé. Ceux qui voient dans l'incapacité de la femme le rempart nécessaire des intérêts de la famille, maintiendraient pour elle l'incapacité d'aliéner ses immeubles et, sans rien changer à la doctrine dominante sur sa faculté de disposer des meubles corporels, exigeraient l'autorisation du mari ou de justice pour l'aliénation des valeurs mobilières, condition nouvelle procédant du même esprit que celle déjà prescrite par la loi du 27 février 1880 pour la conversion des titres nominatifs en titres au porteur et l'aliénation des valeurs mobilières appartenant aux mineurs et interdits [101]. Nous aurons garde de nous

[100] Inaliénabilité de la dot mobilière, interprétation restrictive de l'article 1449-2° et de la capacité de la femme dotale séparée de biens, laquelle est loin de succéder aux pouvoirs du mari sur ses meubles dotaux. (Voy. Aubry et Rau, t. V, n. 539, p. 619).

[101] En vertu d'une jurisprudence constante (Paris, 12 juillet 1869, 69. 2 321, 1er mars 1875, 75. 2. 236, et 13 juin 1876, 76. 1. 344) dont la loi du 27 février 1880 exclusivement relative aux valeurs mobilières des mineurs et interdits, n'a sous aucun rapport infirmé l'autorité (Buchère, Comment. de la loi précitée, n. 76, et G. Bressolles, Expl. de cette même loi, p. 18), la femme est admise à convertir en titres nominatifs ses titres au porteur sans aucune autorisation du mari ou de justice ; mais cette faculté a été

engager dans cette voie non seulement parce qu'elle aboutit à un renforcement d'incapacité, — et nous en demandons l'abolition, — mais pour d'autres raisons encore. D'abord, on admettra difficilement que les conditions mises à l'aliénation des valeurs mobilières par la femme elle-même, c'est-à-dire par la propriétaire, soient modelées même de loin sur la réglementation des pouvoirs d'un administrateur de la fortune d'autrui. Ce serait créer une analogie forcée entre deux situations juridiques qui doivent rester distinctes, car, à la différence du tuteur qui, étant tenu de veiller avant tout à la conservation du patrimoine de son pupille, ne doit pouvoir le transformer que sous certaines conditions, la femme, « justement parce qu'elle est propriétaire et que sa situa- « tion nouvelle exige qu'on la laisse seule juge en cette matière « des motifs de ses convenances personnelles, » doit jouir d'une capacité plus étendue [102]. En même temps, ce serait surenchérir sur la rigueur du Code civil que de priver la femme du pouvoir qu'il lui reconnaît actuellement de disposer de ses valeurs mobilières et cela contrairement à ses intérêts les plus certains, tant il faut de libre initiative pour faire valoir ce genre de richesses, tant enfin de facilités juridiques pour la circulation de valeurs qui réclament de fréquentes et parfois immédiates transformations.

Mais l'état de la jurisprudence est tel qu'il ne suffit pas d'opposer une fin de non-recevoir à cette innovation restrictive de la capacité de la femme; encore faut-il montrer que sur ce point il serait utile de la proclamer pleine et entière. En effet, quant aux

critiquée comme une des plus dangereuses (Lyon-Caen, note sous Paris, 69. 2. 321) même par ceux qui en reconnaissent la légalité. (Laurent, t. XXII, n. 304, Guillouard, t. III, n. 1197) Afin de protéger la femme dans ses intérêts mobiliers, la commission du Sénat crut devoir renouveler une proposition relativement récente et soumettre l'aliénation des valeurs mobilières à l'autorisation du mari ou de justice (projet Bozérian, *J. off.* 7 mai 1877; Voy. Cauwès, t. II, n. 1014, note 2). Cette partie du projet souleva de vives réclamations (MM. Naquet, séance 19 juin 1885, Sén. déb. parl., p. 712, col. 1) auxquelles la commission se résigna à donner satisfaction, ainsi qu'il résulte d'une comparaison de son texte primitif avec la formule un peu vague du texte adopté. Voy. les textes cités note 16.

[102] Saleilles, *Th. doct.*, p. 236.

aliénations de meubles, leur validité dépend, suivant la jurisprudence et quelques auteurs, de cette circonstance qu'elles sont déterminées par un besoin d'administration dont les tribunaux ont mission d'apprécier en toute indépendance le degré d'urgence et de réalité [103]. On pressent de quels mécomptes cette théorie menace les tiers; et, si l'on comprend qu'il y ait lieu d'annuler les actes de disposition emportant avec eux la preuve d'une intention dissipatrice si évidente que l'acquéreur a dû nécessairement en être complice [104]; en revanche, on a peine à admettre qu'en bonne législation, le sort d'une aliénation puisse être compromis alors que ni la nature de l'objet vendu, ni une connaissance précise des circonstances concomitantes au contrat, n'ont pu mettre l'acquéreur en garde contre une éventualité d'annulation. Il va de soi que ce système ne pouvant que jeter le discrédit sur la solidité des aliénations consenties par la femme seule, l'oblige à solliciter l'autorisation du mari ou de justice pour vaincre les hésitations possibles de son cocontractant et le prémunir contre tout risque, par là il lui confisque indirectement l'exercice personnel de la faculté d'aliénation qu'elle tient de l'art. 1449. Pour toutes ces raisons, il serait nécessaire de déclarer la femme pleinement capable; ainsi, pourrait-elle agir d'elle-même et donner toute sécurité aux tiers acquéreurs par son action personnelle [105]. Cette solution aurait l'avantage d'investir

[103] Nancy, 24 juin 1854, 54. 2. 550; Paris, 10 janvier 1857, 57. 209; Paris, 12 mai 1859, 59. 2. 561; Alger, 22 janvier 1866, 66. 2. 193. — Demolombe, t. 4, n. 155, Buchère, *op. cit.*, n. 120, 436, 437. Guillouard, t. III, n. 1193. En sens contraire, Voy. Aubry et Rau, t. V, § 516, texte et note 56, p. 403. Rodière et Pont, t. III, 2190; Laurent, t. XXII, n. 301 et Colmet de Santerre, n. 101 *bis*, 3, qui considèrent la faculté de disposer du mobilier à titre onéreux comme constituant par elle-même un acte de libre administration, donc inattaquable dans son exercice sauf le cas de dissipation notoire. Voy. dans le même sens, Colmar, 8 août 1820, Sir. C. N., t. VI. 2. 306; Lyon, 18 juin 1847, 48. 2. 98. Ces deux derniers arrêts rejettent comme inutile une demande d'autorisation pour aliénation de meubles; Seine 9 juillet 1872. 72. 2. 208.

[104] Cass. 30 décembre 1862, 63. 1. 257; 83. 1. 221.

[105] M. Guillouard, t. III, p. 134, estime que l'application du système actuel ne compromet pas gravement l'intérêt des tiers, au moins lorsqu'il s'agit d'aliénation de meubles corporels, soit que ces aliénations constituent en

la femme, ce qui paraît être au fond l'esprit du Code civil, de la capacité voulue pour faire prospérer la masse mobilière de son patrimoine[106]; enfin, qu'on le remarque bien, elle lèverait tous les doutes sur quelques opérations telles que les placements de capitaux, effectués par acquisitions d'immeubles à l'égard desquels la jurisprudence s'est récemment montrée rigoureuse[107].

D'autre part, ce ne serait pas créer absolument de toutes pièces une nouvelle faculté au profit de la femme séparée que de lui reconnaître celle de disposer de ses immeubles; dès maintenant, elle est investie à leur égard d'une certaine capacité d'aliénation soit que par un subterfuge d'emploi toujours facile (une simple antidate) elle en aliène la nue-propriété[108], soit que d'après une doctrine qui s'est péniblement constituée au prix de longs tâtonnements, elle les affecte virtuellement comme tout autre élément de son patrimoine, au paiement des obligations qu'elle a régulièrement contractées. L'unique portée de cette innovation serait donc de lui reconnaître la faculté d'aliéner directement et d'hypothéquer que lui refusent aujourd'hui les art. 1449-3°, et 2124. En voici les raisons : s'il est à la fois admis que toute dette de la femme est gagée par l'ensemble de ses biens présents et à venir, mobiliers et immobiliers et qu'elle peut affecter par voie de nantissement telle ou telle valeur mobilière spécialement désignée, quelle qu'en soit l'importance, à l'acquittement de ses obligatinos[109], comment admettre que la constitution d'une hypothèque ne lui soit possible qu'avec l'autorisation du

général des actes d'administration, soit, ajoute le même auteur, mais ceci nous paraît sujet à de fortes contestations « parce que les tiers acquéreurs « pourront dans tous les cas invoquer l'exception de l'art. 2279. »

[106] Saleilles, *op. cit.*, p. 234.

[107] Cass. 2 décembre 1885, 86. 1. 97.

[108] Sous la simple condition de donner à un acte sous seing-privé date antérieure à la célébration du mariage, la femme peut disposer de la nue propriété de ses biens personnels (arg. art. 1410-2°) sauf au mari ou à la femme à exercer une action en nullité (art. 225) qui ne peut réussir que par la preuve de l'antidate (art. 1322). Les tiers ne consentiront donc à traiter que s'ils ont quelque raison de croire que cette preuve échouera ; par là est diminué le parti que la femme pourrait tirer de l'art. 1410 pour neutraliser les effets de son incapacité.

[109] Rodière et Pont, t. III, n. 2193.

mari ou de justice? Rationnellement, il doit y avoir corrélation étroite entre la faculté de s'obliger et celle d'hypothéquer. Juridiquement, la validité de l'hypothèque conventionnelle doit être avant tout liée à celle de l'obligation principale, d'où il résulte qu'une personne capable de prendre un engagement doit par cela même être reconnue capable de le munir d'une sûreté hypothécaire; nous reprochons aux rédacteurs du Code civil d'avoir méconnu ce principe pour l'organisation du régime de la séparation de biens; nous ne nous arrêterons pas à cette objection que la faculté d'hypothéquer est inutile à l'exercice normal et régulier des pouvoirs d'administration [110], car même dans ce domaine restreint, il est telle circonstance où elle devient indispensable; et les auteurs du Code de commerce ont montré, ce nous semble, une entente plus avisée des besoins de la pratique en établissant entre la capacité de s'obliger et celle d'hypothéquer un parallélisme exact (art. 6 et 9-1°, C. com.), qu'il y aurait tout avantage à établir au profit de la femme séparée de corps, non seulement si elle doit, comme nous le souhaitons, être déclarée apte à s'obliger indéfiniment sans restriction d'aucune sorte, mais encore si elle n'obtient rien au-delà de sa demi-capacité actuelle. Et par ce premier emprunt au droit commercial nous ne craindrons pas, l'aliénation étant traditionnellement réputée moins dangereuse que l'hypothèque, d'être par voie de conséquence, entraîné à rendre à la femme le droit de disposer de ses immeubles par aliénation directe. Ainsi serait effacée cette inégalité de traitement si malencontreusement établie par le législateur de 1804 entre les meubles et les immeubles.

Donc, loin d'enlever à la femme la maîtrise qu'elle est en voie de conquérir sur sa fortune mobilière, nous voulons l'élargir et la consolider par la rupture absolue des liens qui en restreignent aujourd'hui le libre exercice. Cette maîtrise, nous voulons l'étendre aux immeubles, et à cette libre disposition de ses biens mobiliers et immobiliers, il nous semble que la femme trouvera ce double avantage : d'abord de se procurer sans complication ni retard, le crédit nécessaire pour contracter, enfin, ce qui peut encore être une nécessité d'administration, de pouvoir modifier

[110] Demolombe, t. IV, n. 162, p. 172.

au gré de ses intérêts, par des aliénations opportunes, la composition de son patrimoine. Cette réforme dont la hardiesse pourra être jugée excessive, suggérerait-elle quelque crainte sur les effets qu'il est permis d'en attendre? Son passé répond de son avenir. La longue épreuve qu'elle a subie dans les pays de droit écrit n'a permis de relever contre elle aucun grief sérieux, si ce n'est pour les rédacteurs du Code civil, le défaut irrémissible de déranger la symétrie de leur œuvre et de heurter l'autorité des règles qui l'avaient finalement emporté dans le droit coutumier [111]. Au surplus, les formalités minutieusement protectrices dont la loi entoure les constitutions d'hypothèque et la gravité qui, dans l'état de nos mœurs, s'attache encore aux aliénations d'immeubles, suffiront, s'il en est besoin, à prévenir tout acte de disposition précipité, et dans la plupart des cas, assureront, à défaut d'autorisation du mari ou de justice, la maturité du consentement de la femme.

Quant à la faculté d'ester en justice, dont l'exercice est si rigoureusement soumis par l'art. 215 à la nécessité de l'autorisation maritale, il nous paraît qu'il y aurait quelque contradiction [112] à maintenir le système du Code civil après avoir reconnu à la femme le droit d'aliéner et de s'obliger librement; aussi proposerons-nous de la déclarer capable d'exercer ses actions judiciaires d'autant mieux que l'intervention nécessaire des tribunaux lui donnera toujours des garanties qu'il serait difficile de considérer comme insuffisantes [113].

[111] « L'indépendance de la femme, dit le tribun Gillet, choquait les idées « établies sur la protection que le mari doit à son épouse. » Locré, t. II, p. 405.

[112] Cette contradiction existe pour la femme commerçante à laquelle ne manque que la faculté d'agir en justice pour les besoins de son commerce ; quelques coutumes la lui accordaient jadis (Pothier, *Puissance du mari*, n. 62) et à l'exemple de quelques législations étrangères MM. Lyon-Caen et Renault proposent de la lui restituer, t. I, p. 95.

[113] De cette double faculté de s'obliger et d'ester en justice découlera pour la femme la pleine faculté d'user des voies d'exécution forcée ; d'une part en effet, elle pourra désormais plaider sur les incidents que peut faire surgir une saisie mobilière, la seule qu'elle puisse pratiquer actuellement (Garsonnet, t. III, § 537). D'autre part, la saisie immobilière qui ne lui est permise aujourd'hui qu'avec l'autorisation du mari ou de justice (arg. art. 556 C. pr. civ.), parce qu'elle implique obligation éventuelle de rester adjudi-

VII.

Étant donnée l'incompatibilité du régime de séparation de biens avec l'exercice régulier, sûr et personnel des pouvoirs d'administration concédés à la femme par l'art. 1449, il nous reste maintenant à montrer que l'abolition de l'incapacité ne donne aucune raison de redouter ces conséquences dangereuses sur lesquelles les partisans du système de la commission ne se sont pas fait faute d'appeler l'attention du Sénat. Pour accuser ces périls et même les grossir, aucun argument ne leur a échappé, et il n'est pas jusqu'à la multiplicité et la diversité des raisons données comme explication de la puissance maritale qui ne les aient aidés dans cette tâche. Longtemps en effet, l'ingéniosité des interprètes a été tenue en échec par la quasi-impossibilité de ramener à une idée unique les dispositions contradictoires du Code sur cette matière. De cet effort devaient naître et sont nés quelques théories explicatives dont chacune est à la rigueur favorable au maintien de l'art. 217 en cas de séparation de corps; soit qu'on présente la puissance maritale comme un moyen de gouvernement domestique et la sanction nécessaire de la dépendance sous laquelle l'état de mariage place la femme à l'égard du mari; ou qu'on la considère comme un vestige du système ancien mettant à côté de chaque femme, fille ou veuve, un tuteur chargé de veiller à la conservation de son patrimoine et de la protéger contre sa propre inexpérience; soit enfin qu'on écarte par une synthèse hardie toute idée exclusive pour admettre que l'incapacité constitue tout ensemble un hommage rendu à l'autorité du mari et la sauvegarde des intérêts généraux de la famille dans lesquels sont nécessairement compris ceux de la femme elle-même. Cette explication complexe grandit le rôle de l'incapacité qui cesse ainsi d'être une pure dépendance de la vie commune pour devenir une conséquence du mariage lui-même. Les orateurs de la

cataire pour la mise à prix, lui deviendra accessible sans condition; enfin sera dissipée toute hésitation sur la faculté de figurer dans un ordre, qui lui est encore contestée (Aubry et Rau, t. V, § 472, p. 139 et Demolombe, t. IV, p. 124).

commission (MM. Allou et Denormandie) en ont judicieusement tiré parti pour tenter d'établir, sans succès selon nous, que la séparation de corps n'enlève aucune utilité à l'institution de l'art. 217.

Leur thèse est que si la séparation de corps trouble profondément la situation des époux, du moins faut-il tenir compte de ceci qu'elle n'a rien de définitif. Sans dissoudre le mariage, elle crée une situation qu'il est nécessaire de traiter en droit non comme irrévocable, mais comme transitoire; elle peut toujours cesser par une réconciliation dont l'incapacité sera la meilleure garantie, car, disait crûment Laurière : « Il serait dangereux que « pendant que les choses sont ainsi en suspens, il fût permis à « la femme d'aliéner ses immeubles, et en se ruinant de se « mettre hors d'état de retourner avec son mari qui ne voudra « plus la reprendre si elle n'a plus rien [114]. » Enfin et surtout, elle laisse subsister la famille avec ses besoins et quelques-unes de ses anciennes conditions d'existence exigeant plus que jamais la subordination de la femme au mari. En résumé, on prétend qu'elle ne détruit aucun des intérêts en vue desquels l'autorité maritale a été établie et que peut-être même elle en fait surgir de nouveaux qu'il serait imprudent de négliger.

D'abord, l'obligation de secours et d'assistance mentionnée par l'art. 212 survit à la séparation de corps; dans l'avenir, elle se résoudra en allocations pécuniaires pour le conjoint privé de ressources, à moins que la justice, usant des pouvoirs qu'elle paraît tenir de l'art. 301, n'ait, par le jugement même de séparation de corps, alloué une pension alimentaire à celui des époux en faveur duquel il est prononcé [115]. Or, dit-on, n'est-il pas à craindre que la femme n'use de sa pleine capacité pour dissiper son patrimoine et se mettre ainsi dans l'impossibilité de faire

[114] Laurière, sur l'art. 234 de la Cout. de Paris, t. II, p. 222.

[115] Cass. 2 avril 1861, 61. 1. 410. Cette pension alimentaire allouée en vertu de l'art. 301, C. civ., constitue une indemnité du préjudice causé à l'un des époux par la séparation; à ce titre elle devait présenter les caractères d'une créance ordinaire transmissible aux héritiers du débiteur (Grenoble, 11 juillet 1863, 64. 2. 14), et garantie par l'hypothèque judiciaire (Cass., 14 juin 1853, 53. 1. 609). Donc, sous ce premier rapport, égalité de sûreté pour les deux conjoints.

face à ses engagements? On a beaucoup insisté sur cette situation, comme si elle plaçait le mari dans un réel état d'infériorité et le livrait à des dangers auxquels lui seul serait exposé; mais, n'a-t-on pas réfléchi que la femme, elle aussi, court le risque de subir le contre-coup des prodigalités et de la ruine du mari; et, comment n'a-t-on pas aperçu qu'on pourrait, en vertu du même raisonnement, aboutir à cette conséquence dépassant de beaucoup la pensée de ses auteurs, que la capacité du mari lui-même dût être aussi restreinte pour la sauvegarde des intérêts de la femme? Il faudrait le décider pour la sûreté de l'obligation d'aliments considérée dans son état purement éventuel; logiquement, il y aurait lieu d'en assurer l'exécution au profit de la femme, à supposer que le législateur crût devoir garantir également l'exécution de cette obligation au profit des deux conjoints [116]. Quant à l'obligation alimentaire dont l'exigibilité et le quantum ont été après la séparation de corps reconnus et fixés par jugement, ce n'est pas la suppression de l'incapacité qui en compromettra sérieusement le service en tant qu'il incombe à la femme; car s'il y a quelque raison de craindre que la débitrice tente de s'y soustraire par des aliénations simulées, ou quelque autre fraude la mettant dans un état d'insolvabilité apparente, il dépendra toujours du juge de les déjouer par anticipation, en imposant à la femme la prestation de certaines sûretés (affectation de capital ou caution), dont le but précis et nettement déterminé sera de protéger le mari au moins contre l'effet de manœuvres concertées, sinon contre l'effet d'une insolvabilité réelle qui ne peut être qu'une cause d'extinction totale ou de réduction de sa créance (arg. art. 208 et 209) [117]. Des mesures du même genre peuvent présenter un égal caractère d'urgence à l'égard du mari et à ce

[116] Ceci serait d'autant plus nécessaire que malgré les termes compréhensifs de l'art. 2121, l'hypothèque légale ne garantit pas l'exécution de l'obligation alimentaire fondée sur l'art. 212. Aubry et Rau, t. III, p. 217, n. 264 *ter*[2°], note 6. Grenoble, 6 février 1868, 68. 2. 138. Mais il a été décidé que tout jugement de condamnation à une pension alimentaire emporte hypothèque judiciaire. Pont, *Priv. et Hyp*, t. I, p. 636, et Lyon, 19 juin 1872, 73. 2. 21.

[117] Demolombe, t. IV, n. 68 et 69. Lyon, 5 février 1869, 69. 2. 250. Montbrison, 6 mars 1872, 73. 2. 20.

titre pourront être prescrites contre lui. Donc, sous quelque rapport qu'on l'envisage, la situation est la même pour les deux conjoints; conséquemment si l'on croit nécessaire de donner à l'exécution de la dette alimentaire quelques garanties, de toute nécessité, il faut les imposer également aux deux époux; mais dans ce but, il serait excessif de maintenir uniquement la femme, à titre de mesure de défiance, sous le régime de l'incapacité.

On fait valoir en outre que le mari dont les immeubles restent grevés par la séparation de corps, d'une hypothèque légale générale garantissant l'universalité de ses obligations envers la femme (art. 2121), doit, en bonne équité, recevoir des sûretés équivalentes pour l'exercice des gains de survie dont il peut être resté créancier éventuel, alors surtout que l'art. 1518 du Code civil l'oblige par surcroît à fournir caution à la femme, certainement pour garantir la restitution de l'ensemble des valeurs préciputaires dont il conserve la détention en cas de renonciation à la communauté [118], et même, suivant quelques auteurs et la lettre du texte, pour restitution de la quotité du préciput dont le partage par moitié des biens communs (art. 1474) l'a laissé détenteur en cas d'acceptation [119], l'art. 1518 n'astreignant la femme à prester au mari aucune sûreté du même genre pour la conservation de ses droits. « De là, dit M. Laurent, une anomalie qu'il est très « difficile d'expliquer. La situation du mari qui a obtenu le « divorce (ou, faut-il ajouter, la séparation de corps) étant « identique avec la situation de la femme qui l'a obtenu, pour- « quoi la loi ne donne-t-elle pas au mari une garantie qu'elle « accorde à la femme? De bonnes raisons, nous n'en connais- « sons pas pour expliquer cette différence. Tout ce que l'on « peut dire, c'est que la loi se montre plus favorable à la femme « qu'au mari dans toutes les situations où ses droits sont égaux. « Le législateur, habitué à lui accorder des priviléges, lui en « donne un en matière de préciput bien que ce privilège n'ait « pas de raison d'être [120]. » Or, dit-on, cette inégalité de traite-

118 Aubry et Rau, t. V, p. 501, § 529, note 16.

119 Colmet de Santerre, t. VI, n. 185 *bis*, IV et Laurent, t. XXII, n. 359, p. 360.

120 Laurent, *loc. cit.*, et Colmet de Santerre, VI, *loc. cit.*

ment manifestement choquante en matière de divorce trouve dans la puissance maritale un correctif qui laisse le mari séparé de corps, suffisamment armé pour prévenir les actes de dissipation les plus compromettants pour ses intérêts. Cette situation, la commission entend la conserver et peut-être faudrait-il être de cet avis si réellement elle établissait entre les deux conjoints une réelle réciprocité. Mais il en est autrement; au fond, l'inégalité est l'âme du système actuel; car l'obligation de fournir une caution et l'existence d'une hypothèque même générale ne causent pas à beaucoup près au mari une gêne comparable à celle qu'impose à la femme le maintien de son incapacité. Toutefois, il importe de faire droit dans une certaine mesure à l'observation qui vient d'être rapportée. En présence des art. 1518 et 2121, il ne conviendrait pas de proposer une suppression pure et simple de l'incapacité sans aucune compensation pour le mari; nous voudrions seulement qu'en retour du plein exercice de ses droits qui lui est rendu, la femme fût obligée, par une disposition nouvelle, de fournir au mari des sûretés égales à celles qu'elle est en droit d'exiger de lui. Par là, serait établi entre les époux une égalité de situations qui, à vrai dire, n'a pas encore existé et dont il semble que le bénéfice devrait, par identité de motifs, être étendu au divorce.

On ajoute qu'un retour pur et simple à la capacité contient des conséquences inadmissibles. Voudrait-on par exemple restituer à la femme la libre faculté d'acquérir à titre gratuit soit entre-vifs, soit à cause de mort; mais, l'honneur de la famille, aussi bien celui du mari que celui des enfants, est intéressé à ce qu'un contrôle sévère puisse être exercé sur la cause et l'origine des libéralités qui lui sont offertes [121]. Ce point nous paraît devoir être mis hors du débat; et nous pensons que les art. 776 et 934 doivent être maintenus comme conséquence de l'autorité du mari sur la personne de la femme, autorité que nous voulons maintenir dans son intégrité [122].

[121] M. Denormandie, séance 19 janvier 1887, Sén. Déb. par., p. 24, col. II.

[122] Conf. M. Denormandie, Sén. Déb. parl., 1887, p. 24, col. 2. En sens contraire, M. Léon Renault, *ibid.*, p. 29, col. 3. Les dons manuels étant soumis aux règles de fond des donations, il est intéressant malgré la difficulté de preuve de maintenir à leur égard la règle de l'incapacité.

Puis, dit-on, à quel hasard ne livre-t-on pas l'avenir des enfants, si la femme recouvre la libre disposition de son patrimoine; n'en usera-t-elle jamais pour se livrer à d'aventureuses spéculations ou favoriser l'un de ses enfants par des libéralités injustes? Nous répondons que c'est vraiment faire trop peu de fond sur l'affection maternelle qui, dans l'immense majorité des cas, inspirera à la mère un usage de ses droits tout autre que celui qu'on redoute. Déjà, on la juge assez clairvoyante et assez ferme pour recevoir à l'exclusion du père la garde et la surveillance des enfants [123]; comment ne serait-il pas contradictoire de la maintenir sous un régime d'exception dans l'unique but de sauvegarder leurs intérêts pécuniaires? Et, si des abus sont réellement à craindre, ce n'est pas seulement la femme qu'il faut mettre dans l'impossibilité de les commettre, mais aussi le mari; en fait, les deux conjoints donnent prise au même degré de suspicion; donc il faudrait édicter contre chacun d'eux des mesures de défiance qui leur fussent communes, et communes aussi bien à la séparation de corps qu'au divorce qui créent pour les enfants une situation également dangereuse. On y a quelquefois songé, cependant, il n'a jamais été donné suite aux diverses propositions, soit de limiter la capacité des époux dans l'intérêt des enfants, soit de ménager à ceux-ci une certaine mainmise sur le patrimoine de leurs parents; sans doute parce que les abus, quoique possibles, sont en fait assez rares, prévenus et combattus qu'ils sont par l'effet de sentiments naturels infiniment plus puissants qu'aucune disposition de loi restrictive. Ainsi l'a toujours estimé à une exception près (art. 305, C. civ., abrogé par la loi du 27 juillet 1884), le législateur français qui récemment a eu l'occasion d'affirmer une fois de plus ses idées par le rejet d'amendements formulés au cours des débats de la nouvelle loi

[123] Les art. 302 et 303, étendus par une jurisprudence constante à la séparation de corps, donnent aux tribunaux un pouvoir discrétionnaire pour la désignation de la personne à laquelle doit être confiée la garde des enfants (Cass. 23 février 1881, 81. 1. 309), sans que cette décision emporte déchéance de la puissance paternelle pour le père auquel la garde des enfants est refusée. Conf. Aubry et Rau, t. V, § 494, p. 202 et Demolombe, t. IV, n. 511, p. 583. Paris, 2 mars 1867, Cass. 29 juin 1868, 68. 1. 402 et la note de M. Am. Boullanger.

sur le divorce [124]. Ces propositions furent écartées pour le divorce et à plus forte raison devraient-elles l'être pour la séparation de corps : d'abord, ces mesures restrictives n'atteindraient pas que des personnes oublieuses de leurs devoirs de famille, par leur généralité elles pèseraient d'un même poids sur des conjoints dont il peut être inutile de restreindre les droits; d'autre part, cette ouverture anticipée et partielle de la succession des parents ébranlerait le principe de leur autorité et achèverait de détruire ce que la séparation de corps laisse subsister de la famille; puis, à quoi bon légiférer en vue de dangers qu'un recours pur et simple au droit commun permettra toujours de conjurer dès qu'ils deviendront réellement menaçants? L'interdiction ou la nomination d'un conseil judiciaire arrêteront net toute prodigalité ou mettront fin sur le champ aux erreurs d'une administration désastreuse; et s'il est nécessaire, l'institution de la réserve limitera dans une juste mesure l'usage excessif que la femme pourrait être tentée de faire de son droit de disposer à titre gratuit.

Nous pensons avoir réduit à leur juste portée les motifs de défiance formulés contre la femme séparée de corps; mais à les supposer fondés (et nous nous placerons à ce point de vue pour clore cette discussion), ne justifieraient-ils que le maintien pur et simple du système législatif qui nous régit ou plutôt n'exigeraient-ils pas qu'il fût réformé dans le sens d'une plus grande rigueur. Si l'on est convaincu de l'inexpérience et de la légèreté native de la femme, ou simplement désireux de protéger la famille contre les fautes conscientes ou non de son administration, il paraît difficile d'échapper à la nécessité de remanier les dispositions équivoques de l'art. 1449 qui ont donné lieu à tant d'interprétations divergentes et quelques-unes si indulgentes qu'elles four-

[124] Amendements : 1° de M. Ganault portant attribution aux enfants d'un quart ou d'un tiers du patrimoine de chacun des conjoints divorcés exigible à leur majorité et en cas de second mariage ou de destitution de la tutelle prononcée en vertu de l'art. 448, repoussé par la Ch. des dép. (Séance du 17 juin 1882. Ch. déb., parl., p. 934), et 2° de M. Delsol, appliquant l'article 305 du Code civ. à l'époux contre lequel le divorce a été prononcé pour cause déterminée, repoussé par le Sénat, séance 23 juin 1884; Sén., Déb. parl., p. 1170.

nissent à la femme le moyen de se ruiner. Si l'on est arrêté par la crainte de compromettre par un excès de rigueur l'existence du régime de séparation de biens, à tout le moins doit-on prendre des précautions suffisantes pour que la demi-indépendance accordée à la femme séparée de corps ne puisse jamais passer pour une récompense de son inconduite. En général, ce point de vue a été négligé, sauf par M. Bressolles qui en développe ainsi les conséquences : « On pourra, ce semble, ne pas lui (à la femme « condamnée) accorder, dans tous les cas, tous les avantages de « la séparation de biens ordinaire. Admettons-le pour la sépara- « tion de biens résultant de la séparation de corps, à la charge, « cela va sans dire, des obligations alimentaires qui pourraient « lui être imposées par jugement. Mais, faudrait-il aller plus « loin et lui laisser la disposition de son mobilier, même à titre « onéreux, en dehors des nécessités d'administration, sans aucun « contrôle sinon de son mari, comme on le verra plus bas, au « moins de la justice [125] »? Nous reprocherons à cette solution, dont le point de départ est juste, un excès de timidité. Mieux vaudrait retirer à la femme toute faculté d'aliéner son mobilier que d'en subordonner l'exercice à des conditions de fait dont les tiers ne peuvent contrôler ni vérifier l'existence. Et d'autre part la pensée sous l'empire de laquelle écrit M. Bressolles nous paraît contenir le germe d'un système beaucoup plus radical que celui qu'il propose : car, s'il s'agit d'éviter à tout prix le scandale de dissipations favorisant en fait des désordres de conduite, pourquoi hésiter à priver la femme de toute initiative dans les choses du droit et lui laisser d'autres ressources que celles d'une pension alimentaire souverainement fixée par les tribunaux? Selon toute probabilité, cette mesure extrême n'aurait aucune chance d'être adoptée, et pourtant, en dehors d'elle il n'en est aucune qui nous paraisse assez efficace pour lutter avec avantage contre les périls qui viennent d'être rappelés.

Aussi bien, toutes ces théories contraires à l'indépendance juridique de la femme séparée de corps s'inspirent de vues surannées et de plus en plus abandonnées sur le caractère de son rôle dans la famille; maintenant, on a cessé de croire qu'il faille exclu-

[125] Bressolles, *Rec. de l'Acad. de lég. de Toulouse*, t. XXXIII, p. 213.

sivement redouter son inexpérience et sa légèreté ; on commence à comprendre qu'il est non moins utile de prendre quelques précautions nouvelles contre les défauts et les vices possibles du mari ; par une meilleure appréciation des qualités d'ordre et d'économie dont font preuve tant de mères de famille, on en vient à songer, dût la puissance maritale en être amoindrie, à doter la femme de l'influence et des moyens nécessaires pour les faire valoir au plus grand avantage de la famille entière.

En France, on ne peut encore signaler qu'une tentative unique faite en ce sens et encore n'a-t-elle pas été couronnée de succès [126]; récemment M. Glasson, en regrettait l'échec, et l'éminent professeur, songeant à généraliser la réalisation d'une idée dont cet inutile essai n'était qu'une première et timide application, souhaitait qu'on organisât enfin à l'intention des femmes de la classe ouvrière auxquelles la séparation de biens est en fait inaccessible, une procédure expéditive et peu coûteuse qui leur permît de se protéger, elles et leurs enfants, contre le gaspillage du chef de la famille. Dans ce but, elles seraient admises à se faire autoriser par le juge soit à conserver l'intégralité de leur salaire, soit même à pratiquer une saisie-arrêt entre les mains du patron sur une partie de ce qu'il verse périodiquement au mari [127].

Nous adhérons volontiers à ce projet dont tant de misères accusent le caractère d'urgence ; nous en désirons d'autant plus le

[126] Au cours des travaux préparatoires de la loi du 9 avril 1881 portant création des caisses d'épargne postales il fut proposé par M. Bozérian que le mari ne pût retirer les sommes déposées par sa femme sans le consentement de celle-ci, proposition dont le but évident était de donner à l'esprit d'épargne une stimulant énergique. Cette proposition n'a pas été acceptée ; l'art. 6, al. 5, de la loi précitée n'admettant la femme à effectuer ses dépôts qu'en vertu du mandat général dont son mari est censé l'avoir investie pour les affaires de la communauté (art. 1420). Conf. Testoud, *Rev. crit.* 1881, p. 579 et Planiol, *ibid.*, 1882, p. 42 *Les Caisses d'épargne et le régime de communauté.*

[127] Glasson, *Le code civil et la question ouvrière*, Vergé, *Trav. de l'Acad. des Sc. mor. et polit.*, 1886, *CXXV*, p. 881. Dans le même ordre d'idées, M. Ern. Legouvé a depuis longtemps proposé de confier a un conseil de famille conjugal la faculté de transférer à la femme l'administration de la communauté en cas de prodigalité ou d'incapacité du mari (*Hist. morale des femmes*, 7e édit., p. 160 et suiv.).

succès qu'il accoutumerait les esprits à l'idée de l'indépendance de la femme et les préparerait à accepter la réforme de la séparation de corps proposée par le Conseil d'État et accueillie avec faveur par la Chambre des députés, si tant est qu'elle paraisse trop hardie ou trop prématurée pour triompher dès maintenant.

VIII.

Les données actuelles de la jurisprudence complétées par quelques innovations législatives nous permettront de préciser la portée du principe nouveau et les limites dans lesquelles il convient de l'enfermer; de même, elles nous aideront à noter la part d'influence qu'il lui appartient d'exercer sur certaines dispositions légales concernant les rapports personnels des époux séparés.

A. Si l'on accepte cette idée générale précédemment indiquée que la séparation laisse, en principe, intacte l'autorité maritale en tant qu'elle a pour objet la direction morale de la personne, on en doit conclure que, sous ce point de vue spécial, les effets du mariage subsistent dans leur force normale. D'où quelques conséquences importantes.

Le mari restera muni de pouvoirs suffisants pour obtenir la sanction du devoir de fidélité dont aucun des époux n'est délié, bien qu'il ne soit plus sanctionné qu'à l'égard de l'un d'eux seulement; ainsi, nul doute que le mari ait qualité pour requérir une répression pénale des infractions de cet ordre imputables à la femme (art. 337, C. pén.), et même exercer le droit de surveillance dont il est investi sur la correspondance qu'elle entretient avec les tiers, mais seulement pour y chercher, à défaut d'autre preuve, le moyen d'établir le délit d'adultère [128].

Plus généralement, devront être laissés au mari tous moyens

[128] Cass. 9 février 1883, 85. 1. 137 et 15 juillet 1885, 86. 1. 102. Deux arrêts (Bruxelles, 28 avril 1875, 77. 2. 161; Nîmes, 6 janvier 1880, 81. 2. 54) ont même admis le mari à intercepter les lettres de sa femme dans l'unique but de s'éclairer sur le caractère de ses relations avec des tiers et afin d'en combattre l'effet moral; mais, ces arrêts n'ayant statué qu'entre époux non séparés, la question reste entière pour la séparation de corps, et ce serait, à notre avis, empiéter sur la part légitime d'indépendance qu'il ne peut être question de refuser à la femme séparée que de l'exposer aux rigueurs de ce régime vexatoire.

de prévenir ou réprimer les écarts de conduite de nature à compromettre l'honneur de la femme. Dans cette catégorie est nécessairement comprise l'incapacité de recevoir à titre gratuit qui fournit au mari la précieuse ressource d'opposer son veto à toute libéralité de caractère douteux. Battue en brèche par la pratique des dons manuels, frappée d'inutilité par l'emploi de détours qu'il est souvent impossible de démasquer, cette prohibition doit néanmoins être maintenue comme élément essentiel de l'autorité maritale, et cela malgré sa précarité d'application effective qui après tout ne rendrait pas mieux compte de son abrogation qu'elle n'expliquerait, pour les libéralités de même forme, une exemption du rapport ou de la réduction fondée sur les difficultés qui en entravent le fonctionnement [129].

Il nous paraît aussi qu'il est de quelque intérêt de maintenir l'incapacité pour les actes même purement juridiques tels que changement de nationalité [130], louage de services [131], exercice d'une profession commerciale par lesquels la femme modifie gravement son statut personnel, engage sa personne ou du moins court le risque d'en compromettre la dignité. A plus forte raison, devra-t-elle être régulièrement autorisée pour former une société dont l'effet serait de la mettre en relations suivies avec un

[129] Selon M. Léon Renault, Sén. Déb. Parl. 1887, p. 29, col. 3, le maintien de l'incapacité de recevoir à titre gratuit ne serait qu'une précaution surérogatoire en présence d'une disposition du projet, suffisante, dit-il, pour donner toute satisfaction au mari : Art. 311-1° « Le jugement qui prononce « la séparation de corps ou un jugement postérieur peut interdire à la « femme de porter le nom du mari... » Nous n'osons lui faire un aussi large crédit; comme pour toute disposition de pur sentiment, on éprouve quelque embarras à lui trouver une sanction vraiment pratique; puis, cette interdiction est grosse de dangers pour les tiers dans l'hypothèse où le projet maintient l'incapacité, risquant, si elle est trop bien observée, de donner facilement le change sur l'individualité de la femme et de masquer le fait du mariage dans une législation encore impuissante à écarter ces chances d'erreur ou de confusion sur l'état des personnes. Voy. R. Petiot, Publicité en matière d'état et d'incapacité, *Rev. crit.*, 1887, p. 582.

[130] Paris, 17 juillet 1876. 76. 2. 249, Cass. 18 mars 1878. 78. 1. 193; Bruxelles, 5 août 1884. 4. 1. Conf. Lubbé, *Journ. du Droit intern. privé*, 1875, p. 409 et 1877, p. 5.

[131] Glasson, *loc. cit.*, p. 887, note 1.

tiers [132] ou contracter un engagement théâtral par l'exécution duquel elle expose sa personne et ses actes aux hasards d'une publicité dont le mari doit être maître d'apprécier les dangers. En principe, c'est au mari de donner ces autorisations, sauf à tempérer ce qu'il peut y avoir d'onéreux ou d'humiliant à les solliciter par une légère amélioration de la procédure [133]. En tout cas, l'autorisation du juge devrait être admise à titre subsidiaire pour chacun de ces actes [134]; et même faudrait-il aller jusqu'à la déclarer superflue pour ceux qui ne tendent qu'à procurer des moyens d'existence, au moins dans l'hypothèse où la séparation n'a eu d'autre cause que l'abandon du mari [135].

Aussi bien, le projet ne contient-il aucune modification essentielle à l'organisation ni à l'étendue des pouvoirs du mari sur la personne; une innovation d'intérêt accessoire est seulement proposée. On reconnaîtrait à la femme séparée le droit de se constituer un domicile personnel [136]. Cette addition aux termes de l'art. 108 est-elle d'une urgence bien démontrée alors que d'après une tradition invétérée suivie par une jurisprudence bien établie, l'extinction de l'obligation d'habitation commune emporte déjà pour la femme, outre la faculté de prendre la résidence de son choix, celle de se créer un domicile légal avec les conséquences juridiques qui en peuvent résulter [137]? Réduite à ces termes, la disposition du projet n'était nullement nécessaire pour orienter la jurisprudence ou éviter un revirement improbable; en dehors de la satisfaction qu'elle donne au scrupule d'effacer toute antinomie entre les faits et la loi, elle n'aurait pu revêtir un caractère

[132] Rouen, 3 décembre 1858, 59. 2. 501.

[133] Voy. *suprà*, note 16.

[134] Grenoble, 27 janvier 1863, 63. 2. 79; Paris, 3 janvier 1868, 68. 2. 65 et la note de M. Am. Boullanger.

[135] Cass. 6 août 1878, 79. 1. 65; voy. Guillouard, *Louage*, II, n° 702, p. 223.

[136] Nouvel art. 108 du projet : « La femme séparée de corps cesse d'avoir « pour domicile légal le domicile de son mari. Néanmoins, toute significa- « tion faite à la femme devra être également adressée au mari à peine de « nullité. — Cette double signification ne sera pas nécessaire au cas où la « femme séparée aura recouvré l'exercice de sa capacité civile, excepté en « matière de questions d'état. »

[137] Bouhier, Observ. sur la cout. de Bourgogne, ch. 22, n° 201. Pothier, *Traité du mariage*, n° 502. Aubry et Rau, I, § 143, texte et note 5, p. 580.

d'utilité nettement accusée que si la commission, saisissant l'occasion de prévenir le retour de discussions relativement récentes, eût pris soin de décider expressément qu'en aucun cas le transfert de domicile à l'étranger ne servira de titre à la femme pour acquérir sans autorisation une nationalité nouvelle [138].

En outre, le texte nouveau ordonne que toute signification d'exploit concernant la femme soit cumulativement adressée aux deux époux; sur ce point encore, il se borne à confirmer purement et simplement l'état de la jurisprudence qui, tout en l'admettant à prendre un domicile distinct, exige cependant une double notification [139]. Il va de soi que cette exigence ne saurait trouver place dans un système législatif déclarant la femme capable de contracter et d'ester en justice; telle est d'ailleurs sur ce point la pensée des auteurs du projet; cette double formalité n'est en effet prescrite que pour le cas où la femme n'aurait pas recouvré l'exercice de sa capacité civile; dans l'hypothèse inverse, elle seule devrait recevoir notification des actes de procédure qui l'intéressent. Toutefois, cet état d'indépendance n'est admissible que pour les actions d'intérêt strictement pécuniaire; quant aux questions d'état et plus généralement pour celles qui mettent directement en cause la personnalité ou intéressent l'honneur de la femme, il est indispensable que le mari y soit associé et mis à même d'en surveiller la marche par une communication obligatoire des actes qu'elles rendent nécessaires [140].

B. D'autre part, le maintien pur et simple des dispositions uniquement fondées sur les liens d'affection que crée et entretient entre époux la communauté de vie, serait difficilement conciliable avec la rupture morale, cause et conséquence de la séparation de corps; c'est par application de cette idée qu'il est communément admis que l'obligation d'assistance personnelle mentionnée par l'art. 212 prend pour les conjoints séparés un objet exclusivement pécuniaire [141]; et c'est encore par ce motif qu'une jurisprudence

[138] Holtzendorff, *Journ. du Droit intern. privé*, 1876, p. 5. aff. de Bauffremont.

[139] Garsonnet, *Cours de procédure*, II, p. 151 et note 13.

[140] MM. Allou, Sén. Déb. Parl. 1887, p. 16, col. 2 et Paris, *ibid.*, p. 22, col. 3. Voy. Bressolles, *Nouv. observ.*, p. 33.

[141] Aubry et Rau, V, § 494, p. 198.

à laquelle nous ne pouvons qu'adhérer, lie à la communauté d'existence une forme spéciale de cette obligation, nous voulons parler de l'art. 506 qui défère légalement au mari la tutelle de la femme interdite [142].

Quant au droit de successibilité réciproque dont l'art. 767 investit chaque conjoint sur la succession de l'autre, on ne peut admettre que les termes absolus de ce texte permettent au juge d'en paralyser l'exercice, et le plus récent projet sur cette matière se borne à priver de toute vocation héréditaire celui des conjoints contre lequel a été prononcée la séparation [143]. Solution boiteuse, car dit M. Laurent : « La distinction entre l'époux « coupable et l'époux innocent est contraire au principe sur lequel « se fonde le droit d'hérédité du conjoint survivant... Peut-on « admettre une présomption d'affection entre époux que la haine « divise? La séparation de corps n'équivaut-elle pas au divorce, « quant aux relations intimes des conjoints [144]? » Formulée et acceptée dès 1804 par le Conseil d'État, mais abandonnée sans qu'on en puisse indiquer les raisons, cette proposition est en harmonie assez étroite avec les principes de notre droit successoral fondés sur « l'affection présumée jointe aux liens de famille » pour mériter d'y prendre place [145].

Ainsi serait éliminé l'effet de dispositions trop intimement liées à la bonne harmonie des époux pour s'accorder avec l'antagonisme de leur existence nouvelle. Mais, nous ne proposons pas d'aller au-delà de ces deux modifications du Code civil, l'une entrée dès maintenant dans le domaine des faits, l'autre réalisable seulement par l'initiative du législateur. Ainsi, quoique l'état de pleine capacité juridique dans lequel nous proposons de placer la femme séparée de corps lui impose la charge et la responsabilité de la conservation de son patrimoine; bien que les époux soient assez détachés l'un de l'autre pour qu'aucune raison de sentiment ne les arrête plus dans l'exercice des droits qu'ils

[142] Nancy, 15 mai 1868, 69. 2. 149; Poitiers, 22 avril 1869, 69. 2. 181.

[143] Voy. *suprà* le texte cité note 54 et Code civil italien, art. 757. Huc et Orsier, t. II, p. 173.

[144] Laurent, avant-projet, III, p. 336.

[145] Observations de Berlier au Conseil d'État, Locré, X, p. 100 et suiv.

peuvent mutuellement s'opposer, néanmoins, nous nous abstiendrons de les soustraire au régime de l'art. 2253 [146]. A leur égard, l'utilité de cette décision légale n'a pas fléchi, et les motifs qui l'expliquent sont plutôt accrus que diminués de valeur; la raison de cette suspension de prescription réside avant tout dans la nécessité de mettre la paix du ménage à l'abri du trouble qui l'agiterait ou menacerait de la détruire, si chaque époux était placé dans la nécessité inéluctable d'exercer ses droits sous peine d'en subir l'extinction [147]. Or, après la séparation de corps, cette raison d'ordre moral n'a rien perdu de sa force; et, si l'irritation des conjoints ne les prédispose que trop à soupçonner des intentions malveillantes et à joindre de nouveaux griefs aux anciens, ce serait diminuer les chances d'apaisement que de susciter de nouvelles causes de procès.

Moralement étrangers l'un à l'autre, probablement hostiles, mais cependant égaux en capacité juridique, les époux peuvent-ils, sans inconvénient, être assujettis l'un envers l'autre aux seules règles du droit commun? Posée sous une forme concrète, la question peut se décomposer ainsi : les époux seront-ils désormais capables de contracter ensemble, sans rencontrer aucune des restrictions limitant leur activité juridique pendant la communauté de vie, (1096, 1595, C. c.)? La femme conservera-t-elle le bénéfice des garanties protectrices dont on a cru devoir protéger sa faiblesse contre la toute-puissance du mari?

Sur chacune des branches de cette question complexe, l'hésitation est possible. Peut-être ne serait-il pas absolument contradictoire, même après avoir reconnu la femme pleinement capable de contracter avec les tiers, de songer encore à la protéger contre l'ascendant possible du mari; mais, ce soin ne pourrait être confié qu'à l'autorité judiciaire, et de quelle utilité serait cette complication alors que le mari, n'ayant plus à refuser ou à faire désirer son autorisation, est ainsi privé de son plus efficace moyen d'action pour obtenir des libéralités plus ou moins volontaires ou faire tourner à son avantage les rares conventions qui pourraient suivre l'exécution des clauses du contrat de mariage

[146] Aubry et Rau, II, § 214, note 10, p. 339 et V, § 494, p. 209; Paris, 26 juillet 1862, 62. 2. 513.

[147] Laurent, avant-projet, VI, p. 255.

et la séparation absolue des intérêts; et, quand elles n'auraient d'autre objet que de consommer une fraude, toujours est-il qu'il sera plus facile aux créanciers d'établir cette collusion qu'aux tribunaux de la prévenir par une homologation rarement donnée ou refusée en parfaite connaissance de cause.

Quant aux dispositions dont l'objet est de garantir la femme contre tout abus d'autorité du mari, déjà bien diminuées de nombre par la séparation de biens, la plupart dépendant des divers régimes matrimoniaux, leur disparition totale ne serait-elle pas le corollaire logique d'un retour de la femme au libre exercice de ses droits?

Indépendamment de toute abrogation législative, tel serait le sort de cette obligation de garantie d'emploi ou de remploi qu'impose au mari l'art. 1450. Virtuellement, l'indépendance de la femme exclurait l'une ou l'autre de ses conditions d'exigibilité (autorisation ou concours à l'acte d'aliénation) et la stériliserait ainsi dans ses conséquences pratiques [148].

Quant à l'hypothèque qui est comme le corps de place des sûretés de la femme, la séparation devrait, à notre avis, en entraîner l'extinction au moins dans la mesure où la sauvegarde des droits acquis n'en commande pas impérieusement le maintien; et encore l'existence que nous lui conserverions pour cette raison supérieure, devrait-elle être entourée de conditions nouvelles vraiment conformes à la sécurité du crédit si gravement ébranlée par la tolérance de clandestinité de l'art. 2135.

Cette formule conduirait à modifier sur deux points les errements établis. Maintenant, il est reconnu que l'absence de droits nés et actuels ne compromet en rien l'existence de cette sûreté, à tel point que la liquidation des conventions matrimoniales peut être consommée par le paiement intégral des reprises ou n'avoir établi l'existence d'aucune obligation à la charge du mari et l'hypothèque conserver tous ses effets, ne perdre aucun de ses caractères généraux [149]. C'est que dépouillée de toute utilité immédiate et apparente, l'hypothèque est, dans le système du Code civil,

[148] Laurent, *ibid.*, II, p. 89.

[149] Ainsi, non seulement la femme ne saurait renoncer d'une façon générale au bénéfice de son hypothèque (art. 2140), mais elle serait recevable à en requérir une inscription immédiate, ne fût-ce que pour se prémunir par

éventuellement susceptible d'acquérir dans l'avenir une valeur considérable. La femme restant placée sans allégement d'aucune sorte sous la dépendance du mari, il est simplement prudent de prévoir que celui-ci pourra tenter d'user de son influence soit pour la décider à s'engager dans son intérêt ou lui abandonner la gestion de ses biens, soit pour accroître démesurément son rôle dans certains actes déterminés (art. 1450). Ceci explique que l'extinction de toute dette antérieure à la séparation de corps et la libération actuelle du mari n'enlèvent à l'hypothèque que quelques-unes seulement, mais non toutes ses raisons d'exister ; car, si les dangers de la subordination de la femme doivent plutôt grandir que diminuer, rien de plus naturel que de chercher à les contrebalancer par l'effet d'une sûreté exceptionnelle [180]. Doctrine non moins adéquate à la lettre de l'art. 2121 qu'à l'esprit général de notre législation, mais qu'il faudrait écarter comme incompatible avec la pleine capacité dont nous voudrions doter la femme. L'un des effets les plus saillants de cette réforme serait, nous l'avons observé déjà, de placer les deux époux dans des conditions d'égalité sincère donnant l'entière assurance que dans les hypothèses rares d'ailleurs où la femme est devenue créancière du mari, celle-ci n'a consenti à prendre cette qualité que par un acte de volonté personnelle et indépendante. Qu'on lui laisse donc le soin de se ménager, si elle le croit nécessaire, la protection de sûretés conventionnelles; il serait tout aussi choquant de lui faire une situation privilégiée que d'apporter aucune restriction à la liberté des contrats entre époux séparés.

Détruite pour la durée de la séparation de corps, l'hypothèque pourra revivre par l'effet d'une réconciliation rétablissant les conventions matrimoniales dans leur état originaire ou même replaçant seulement la femme sous l'empire des dispositions de l'art. 1449, mais uniquement pour l'avenir et sous réserve expresse des droits acquis aux tiers du chef du mari. En conséquence, les effets de cette hypothèque ne sauraient rétroagir,

anticipation contre certaines déchéances (2193 et suiv.; art. 8, 23 mars 1855). Lyon-Caen sous Cass. 20 mai 1878, 79. 1. 49 ; sur ce dernier point, *contra* Bordeaux, 22 juillet 1869, 70. 2. 80.

[180] Demolombe, t. IV, p. 589; Aubry et Rau, t. III, § 264 *ter* et note 6, p. 217.

même pour les créances nées depuis la reprise de a vie commune dont l'art. 2135 fixe le rang au jour de la célébration du mariage, au delà de la date de la réconciliation constatée suivant les formalités prescrites par l'art. 1451 dont le projet reproduit la disposition. La femme ne recouvrera donc qu'une hypothèque nouvelle frappant les immeubles du mari dans l'état où ils se trouvent au moment où prend fin la séparation de corps, de même que le mari devra s'incliner devant la régularité des actes passés par la femme dans l'exercice de sa capacité [151]. On peut convenir que l'effet de cette réserve, nécessaire à la sûreté des transactions, sera de mettre parfois obstacle à quelques rapprochements, mais ceux qui n'auront échoué que par des considérations purement pécuniaires mériteraient-ils le moindre regret.

L'hypothèque, avons-nous dit, subsistera pour autant qu'il est nécessaire d'assurer l'exécution ultérieure des droits existant à l'époque du jugement de séparation. Mais, sans nous arrêter à cette objection spécieuse qu'il peut être incohérent de préserver les conjoints des atteintes de la prescription (2253, 2256-2°) et d'exposer l'hypothèque de la femme à l'éventualité d'une déchéance pour défaut d'inscription, nous demandons qu'elle soit désormais astreinte au régime de la publicité [152]. Exclusivement fondé sur une présomption de dépendance ou prétendue impossibilité d'agir de la personne à qui incombe le soin de requérir inscription, le privilège de clandestinité cesserait de répondre aux raisons qui l'ont fait établir à l'égard de la femme séparée devenue indépendante et moralement capable de veiller à la conservation de ses droits; dans cette situation, il n'y a que des raisons

[151] Nouvel art. 311-5° du projet « S'il y a cessation de séparation de « corps par la réconciliation des époux, dans le cas prévu par l'alinéa pré- « cédent, la capacité de la femme est modifiée pour l'avenir et régie par les « dispositions de l'art. 1449. Cette modification n'est opposable aux tiers « que si la reprise de la vie commune a été constatée par acte passé devant « notaire, avec minute, dont une expédition devra être affichée dans la « forme indiquée par l'art. 1445. »

[152] A la différence de l'exercice d'une action judiciaire, une simple formalité de publicité, à l'accomplissement de laquelle les tiers ont d'ailleurs un intérêt capital, peut se réaliser sans entrainer débat ni froissement d'aucune sorte entre les époux.

décisives et aucune objection pour la contraindre à partager la condition de la veuve à qui l'art. 8 de la loi du 23 mars 1855 impose déjà l'obligation rigoureuse de publier son hypothèque dans le délai d'une année. Cette innovation ne serait qu'un retour à la sage disposition de l'édit de 1673 [153] ; elle donnerait satisfaction aux propositions ayant le même objet formulées par quelques-uns des corps consultés dans l'enquête de 1843 sur le régime hypothécaire [154] et depuis appuyées par un savant auteur [155].

Donc, indépendance de la femme pour ce qui est d'intérêt exclusivement pécuniaire et maintien de la puissance maritale quant au gouvernement de la personne elle-même, telles sont les deux idées capitales qui nous paraissent devoir guider le législateur dans une refonte du régime de la séparation de corps. L'objet de cette étude était de rechercher le mode précis de leur combinaison et de mettre dans tout son jour leur caractère d'opportunité législative [156].

[153] Édit de mars 1673 portant établissement de greffes pour l'enregistrement des oppositions des créanciers hypothécaires, art. 63. Isambert, t. XIX, p. 124.

[154] Cours royales d'Amiens, Angers, Douai et Faculté de Droit de Dijon, *Docum. sur la Réf. hypoth.*, t. II, p. 169, 186, 210, 241, 247, 317 et 400.

[155] Mourlon, *Transcription*, t. II, n° 864, p. 501.

[156] L'abolition de l'incapacité dans la mesure que nous lui avons assignée ne doit pas nécessairement entraîner une modification dans le même sens du régime de la séparation de biens judiciaire ou conventionnelle, ou servir d'argument pour restituer à la femme, sous quelque régime qu'elle soit placée, la libre disposition de ses paraphernaux. Tant qu'il y a communauté de vie, la femme ne souffre en général d'aucune perturbation de l'exercice régulier et loyal de l'autorité maritale; c'en est assez pour qu'elle n'ait pas à subir dans cette situation le moindre contre-coup des réformes affectant l'état de séparation de corps proprement dite. Ce n'est pas à dire cependant que le Code civil soit, sous les rapports signalés plus haut, à l'abri d'aucune proposition d'innovation; on pourrait la présenter sous la forme d'un système d'égalité absolue renouvelé de celui que Cambacérès proposait à la Convention (art. 11 du projet du 9 août 1793) Voy. Laurent, avant-projet, V, p. 42 et suiv., ou la faire procéder de cette idée simple qu'il est devenu nécessaire de tempérer sur certains points la rigueur de l'autorité maritale. MM. Drioux et Pascaud, Congrès des sociétés savantes de 1889. Conf. Pascaud, Capacité de la femme et extension rationnelle qu'elle comporte, *Revue générale du Droit*, 1889 et 1890.

Paris. — Imp. F. Pichon, 282, rue Saint-Jacques, et 24, rue Soufflot.

www.ingramcontent.com/pod-product-compliance
Lightning Source LLC
LaVergne TN
LVHW020431230826
846091LV00004B/1443
9782016167335